LITAUISCH

WORTSCHATZ

FÜR DAS SELBSTSTUDIUM

DEUTSCH
LITAUISCH

Die nützlichsten Wörter
Zur Erweiterung Ihres Wortschatzes und
Verbesserung der Sprachfertigkeit

3000 Wörter

Wortschatz Deutsch-Litauisch für das Selbststudium - 3000 Wörter
Von Andrey Taranov

T&P Books Vokabelbücher sind dafür vorgesehen, beim Lernen einer Fremdsprache zu helfen, Wörter zu memorieren und zu wiederholen. Das Wörterbuch ist nach Themen aufgeteilt und deckt alle wichtigen Bereiche des täglichen Lebens, Berufs, Wissenschaft, Kultur etc. ab.

Durch das Benutzen der themenbezogenen T&P Books ergeben sich folgende Vorteile für den Lernprozess:

- Sachgemäß geordnete Informationen bestimmen den späteren Erfolg auf den darauffolgenden Stufen der Memorisierung
- Die Verfügbarkeit von Wörtern, die sich aus der gleichen Wurzel ableiten lassen, erlaubt die Memorisierung von Worteinheiten (mehr als bei einzeln stehenden Wörtern)
- Kleine Worteinheiten unterstützen den Aufbauprozess von assoziativen Verbindungen für die Festigung des Wortschatzes
- Die Kenntnis der Sprache kann aufgrund der Anzahl der gelernten Wörter eingeschätzt werden

T&P Books Publishing
www.tpbooks.com

ISBN: 978-1-78314-829-5

Dieses Buch ist auch im E-Book Format erhältlich.
Besuchen Sie uns auch auf www.tpbooks.com oder auf einer der bedeutenden Buchhandlungen online.

WORTSCHATZ DEUTSCH-LITAUISCH
für das Selbststudium

Die Vokabelbücher von T&P Books sind dafür vorgesehen, Ihnen beim Lernen einer Fremdsprache zu helfen, Wörter zu memorieren und zu wiederholen. Der Wortschatz enthält über 3000 häufig gebrauchte, thematisch geordnete Wörter.

- Der Wortschatz enthält die am häufigsten benutzten Wörter
- Eignet sich als Ergänzung zu jedem Sprachkurs
- Erfüllt die Bedürfnisse von Anfängern und fortgeschrittenen Lernenden von Fremdsprachen
- Praktisch für den täglichen Gebrauch, zur Wiederholung und um sich selbst zu testen
- Ermöglicht es, Ihren Wortschatz einzuschätzen

Besondere Merkmale des Wortschatzes:

- Wörter sind entsprechend ihrer Bedeutung und nicht alphabetisch organisiert
- Wörter werden in drei Spalten präsentiert, um das Wiederholen und den Selbstüberprüfungsprozess zu erleichtern
- Wortgruppen werden in kleinere Einheiten aufgespalten, um den Lernprozess zu fördern
- Der Wortschatz bietet eine praktische und einfache Lautschrift jedes Wortes der Fremdsprache

Der Wortschatz hat 101 Themen, einschließlich:

Grundbegriffe, Zahlen, Farben, Monate, Jahreszeiten, Maßeinheiten, Kleidung und Accessoires, Essen und Ernährung, Restaurant, Familienangehörige, Verwandte, Charaktereigenschaften, Empfindungen, Gefühle, Krankheiten, Großstadt, Kleinstadt, Sehenswürdigkeiten, Einkaufen, Geld, Haus, Zuhause, Büro, Import & Export, Marketing, Arbeitssuche, Sport, Ausbildung, Computer, Internet, Werkzeug, Natur, Länder, Nationalitäten und vieles mehr...

INHALT

LEITFADEN FÜR DIE AUSSPRACHE

Buchstabe	Litauisch Beispiel	T&P phonetisches Alphabet	Deutsch Beispiel
Aa	adata	[a]	schwarz
Ąą	ąžuolas	[aː]	Zahlwort
Bb	badas	[b]	Brille
Cc	cukrus	[ts]	Gesetz
Čč	česnakas	[tʃ]	Matsch
Dd	dumblas	[d]	Detektiv
Ee	eglė	[æ]	ärgern
Ęę	vedęs	[æː]	verschütten
Ėė	ėdalas	[eː]	Wildleder
Ff	fleita	[f]	fünf
Gg	gandras	[g]	gelb
Hh	husaras	[ɣ]	Vogel (Berlinerisch)
I i	ižas	[i]	ihr, finden
Į į	mįslė	[iː]	Wieviel
Yy	vynas	[iː]	Wieviel
J j	juokas	[j]	Jacke
Kk	kilpa	[k]	Kalender
L l	laisvė	[l]	Juli
Mm	mama	[m]	Mitte
Nn	nauda	[n]	nicht
Oo	ola	[o], [oː]	wohnen, oft
Pp	pirtis	[p]	Polizei
Rr	ragana	[r]	richtig
Ss	sostinė	[s]	sein
Šš	šūvis	[ʃ]	Chance
Tt	tėvynė	[t]	still
Uu	upė	[u]	kurz
Ųų	siųsti	[uː]	Zufall
Ūū	ūmėdė	[uː]	Zufall
Vv	vabalas	[ʋ]	Invalide
Zz	zuikis	[z]	sein
Žž	žiurkė	[ʒ]	Regisseur

Anmerkungen

Macron (ū), ogonek (ą, ę, į, ų) kann verwendet werden, um lange Vokale in der modernen litauischen anzugeben. Akuter Stress (Áá Ą́ą́), Gravis (Àà) und Tilde (Ãã Ą̃ą̃) - Umlaute werden verwendet, um die System-Töne geben. Diese Zeichen werden in der Regel nur in Wörterbüchern und Lehrbüchern verwendet.

ABKÜRZUNGEN
die im Vokabular verwendet werden

Deutsch. Abkürzungen

Adj	-	Adjektiv
Adv	-	Adverb
Amtsspr.	-	Amtssprache
f	-	Femininum
f, n	-	Femininum, Neutrum
Fem.	-	Femininum
m	-	Maskulinum
m, f	-	Maskulinum, Femininum
m, n	-	Maskulinum, Neutrum
Mask.	-	Maskulinum
n	-	Neutrum
pl	-	Plural
Sg.	-	Singular
ugs.	-	umgangssprachlich
unzähl.	-	unzählbar
usw.	-	und so weiter
v mod	-	Modalverb
vi	-	intransitives Verb
vi, vt	-	intransitives, transitives Verb
vt	-	transitives Verb
zähl.	-	zählbar
z.B.	-	zum Beispiel

Litauisch. Abkürzungen

dgs	-	Plural
m	-	Femininum
m dgs	-	Femininum plural
v	-	Maskulinum
v dgs	-	Maskulinum plural

GRUNDBEGRIFFE

1. Pronomen

ich	àš	['aʃ]
du	tù	['tu]
er	jìs	[jɪs]
sie	jì	[jɪ]
wir	mẽs	['mʲæs]
ihr	jũs	['juːs]
sie	jiẽ	['jiɛ]

2. Grüße. Begrüßungen

Hallo! (ugs.)	Sveĩkas!	['svʲɛɪkas!]
Hallo! (Amtsspr.)	Sveikì!	[svʲɛɪ'kʲɪ!]
Guten Morgen!	Lãbas rýtas!	['lʲaːbas 'rʲiːtas!]
Guten Tag!	Labà dienà!	[lʲa'ba dʲiɛ'na!]
Guten Abend!	Lãbas vãkaras!	['lʲaːbas 'vaːkaras!]
grüßen (vi, vt)	svéikintis	['svʲɛɪkʲɪntʲɪs]
Hallo! (ugs.)	Lãbas!	['lʲaːbas!]
Gruß (m)	linkéjimas (v)	[lʲɪŋ'kʲɛjɪmas]
begrüßen (vt)	svéikinti	['svʲɛɪkʲɪntʲɪ]
Wie geht's?	Kaĩp sẽkasi?	['kʌɪp 'sʲækasʲɪ?]
Was gibt es Neues?	Kàs naũjo?	['kas 'nɑujɔ?]
Auf Wiedersehen!	Ikì pasimãtymo!	[ɪkʲɪ pasʲɪmatʲiːmɔ!]
Bis bald!	Ikì greĩto susìtikimo!	[ɪ'kʲɪ 'grʲɛɪtɔ susʲɪtʲɪ'kʲɪmɔ!]
Lebe wohl! Leben Sie wohl!	Lìkite sveikì!	['lʲɪkʲɪtʲɛ svʲɛɪ'kʲɪ!]
sich verabschieden	atsisvéikinti	[atsʲɪ'svʲɛɪkʲɪntʲɪ]
Tschüs!	Ikì!	[ɪ'kʲɪ!]
Danke!	Ãčiū!	['aːtʃʲuː!]
Dankeschön!	Labaĩ ãčiū!	[lʲa'bʌɪ 'aːtʃʲuː!]
Bitte (Antwort)	Prãšom.	['pra:ʃɔm]
Keine Ursache.	Nevertà padėkõs.	[nʲɛvʲer'ta padʲeː'koːs]
Nichts zu danken.	Nėrà už kã.	[nʲeː'ra 'ʊʒ kaː]
Entschuldige!	Atléisk!	[at'lʲɛɪsk!]
Entschuldigung!	Atléiskite!	[at'lʲɛɪskʲɪtʲɛ!]
entschuldigen (vt)	atléisti	[at'lʲɛɪstʲɪ]
sich entschuldigen	atsiprašýti	[atsʲɪpra'ʃʲiːtʲɪ]
Verzeihung!	Mãno atsiprãšymas.	['maːnɔ atsʲɪ'pra:ʃʲiːmas]
Es tut mir leid!	Atléiskite!	[at'lʲɛɪskʲɪtʲɛ!]

verzeihen (vt)	atleisti	[at'lʲɛɪstʲɪ]
Das macht nichts!	Nieko baisaŭs.	['nʲɛkɔ bʌɪ'sɑʊs]
bitte (Die Rechnung, ~!)	prašom	['pra:ʃom]

Nicht vergessen!	Nepamiřškite!	[nʲɛpa'mʲɪrʃkʲɪtʲɛ!]
Natürlich!	Žinoma!	['ʒʲɪnoma!]
Natürlich nicht!	Žinoma ne!	['ʒʲɪnoma nʲɛ!]
Gut! Okay!	Sutinku!	[sutʲɪŋ'ku!]
Es ist genug!	Užteks!	[ʊʒ'tʲɛks!]

3. Fragen

Wer?	Kas?	['kas?]
Was?	Ką?	['ka:?]
Wo?	Kur?	['kʊr?]
Wohin?	Kur?	['kʊr?]
Woher?	Iš kur?	[ɪʃ 'kʊr?]
Wann?	Kada?	[ka'da?]
Wozu?	Kám?	['kam?]
Warum?	Kodėl?	[kɔ'dʲe:lʲ?]

Wofür?	Kám?	['kam?]
Wie?	Kaĩp?	['kʌɪp?]
Welcher?	Kóks?	['koks?]

Wem?	Kám?	['kam?]
Über wen?	Apiė ką?	[a'pʲɛ 'ka:?]
Wovon? (~ sprichst du?)	Apiė ką?	[a'pʲɛ 'ka:?]
Mit wem?	Su kuõ?	['su 'kʊɑ?]

| Wie viel? Wie viele? | Kiek? | ['kʲiɛk?] |
| Wessen? | Kienõ? | [kʲiɛ'no:?] |

4. Präpositionen

mit (Frau ~ Katzen)	su ...	['su ...]
ohne (~ Dich)	be	['bʲɛ]
nach (~ London)	į	[i:]
über (~ Geschäfte sprechen)	apiė	[a'pʲɛ]

| vor (z.B. ~ acht Uhr) | iki | [ɪ'kʲɪ] |
| vor (z.B. ~ dem Haus) | priėš | ['prʲɛʃ] |

unter (~ dem Schirm)	põ	['po:]
über (~ dem Meeresspiegel)	virš	['vʲɪrʃ]
auf (~ dem Tisch)	ant	['ant]

| aus (z.B. ~ München) | iš | [ɪʃ] |
| aus (z.B. ~ Porzellan) | iš | [ɪʃ] |

| in (~ zwei Tagen) | põ ..., už ... | ['po: ...], ['ʊʒ ...] |
| über (~ zaun) | per | ['pʲɛr] |

5. Funktionswörter. Adverbien. Teil 1

Wo?	Kur̃?	['kʊr?]
hier	čia	['tʂʲæ]
dort	teñ	['tʲɛn]

| irgendwo | kažkur̃ | [kaʒ'kʊr] |
| nirgends | niẽkur | ['nʲɛkʊr] |

| an (bei) | priẽ … | ['prʲɛ …] |
| am Fenster | priẽ lángo | ['prʲɛ 'lʲaŋɔ] |

Wohin?	Kur̃?	['kʊr?]
hierher	čia	['tʂʲæ]
dahin	teñ	['tʲɛn]
von hier	iš čia	[ɪʃ tʂʲæ]
von da	iš teñ	[ɪʃ tʲɛn]

| nah (Adv) | šalià | [ʃa'lʲæ] |
| weit, fern (Adv) | tolì | [to'lʲɪ] |

in der Nähe von …	šalià	[ʃa'lʲæ]
in der Nähe	artì	[ar'tʲɪ]
unweit (~ unseres Hotels)	netolì	[nʲɛ'tolʲɪ]

link (Adj)	kairỹs	[kʌɪ'rʲiːs]
links (Adv)	iš kaĩrės	[ɪʃ kʌɪ'rʲeːs]
nach links	į kaĩrę	[iː 'kʌɪrʲɛ:]

recht (Adj)	dešinỹs	[dʲɛʃɪ'nʲiːs]
rechts (Adv)	iš dešinės	[ɪʃ dɛʃɪ'nʲeːs]
nach rechts	į dẽšinę	[iː 'dʲæʃɪnʲɛ:]

vorne (Adv)	príekyje	['prʲiɛkʲiːjɛ]
Vorder-	príekinis	['prʲiɛkʲɪnʲɪs]
vorwärts	pirmỹn	[pʲɪr'mʲiːn]

hinten (Adv)	galė̃	[ga'lʲɛ]
von hinten	iš gãlo	[ɪʃ 'ga:lʲɔ]
rückwärts (Adv)	atgal̃	[at'galʲ]

| Mitte (f) | vidurỹs (v) | [vʲɪdʊ'rʲiːs] |
| in der Mitte | per̃ vidurį̃ | ['pʲɛr 'vʲɪ:dʊrʲɪ:] |

seitlich (Adv)	šóne	['ʃonʲɛ]
überall (Adv)	visur̃	[vʲɪ'sʊr]
ringsherum (Adv)	apliñkui	[ap'lʲɪŋkʊi]

von innen (Adv)	iš vidaũs	[ɪʃ vʲɪ'dɑʊs]
irgendwohin (Adv)	kažkur̃	[kaʒ'kʊr]
geradeaus (Adv)	tiẽsiai	['tʲiɛsʲɛɪ]
zurück (Adv)	atgal̃	[at'galʲ]

| irgendwoher (Adv) | iš kur̃ nórs | [ɪʃ 'kʊr 'nors] |
| von irgendwo (Adv) | iš kažkur̃ | [ɪʃ kaʒ'kʊr] |

erstens	pìrma	['pʲɪrma]
zweitens	añtra	['antra]
drittens	trẽčia	['trʲætʂʲæ]

plötzlich (Adv)	staigà	[stʌɪ'ga]
zuerst (Adv)	pradžiõj	[prad'ʒʲo:j]
zum ersten Mal	pìrmą kartą	['pʲɪrma: 'karta:]
lange vor...	daũg laĩko priẽš ...	['daʊg 'lʲʌɪkɔ 'prʲɛʃ ...]
von Anfang an	ìš naũjo	[ɪʃ 'naʊjɔ]
für immer	visàm laĩkui	[vʲɪ'sam 'lʲʌɪkʊi]

nie (Adv)	niekadà	[nʲiɛkad'a]
wieder (Adv)	vėl	['vʲe:lʲ]
jetzt (Adv)	dabar̃	[da'bar]
oft (Adv)	dažnaĩ	[daʒ'nʌɪ]
damals (Adv)	tadà	[ta'da]
dringend (Adv)	skubiaĩ	[skʊ'bʲɛɪ]
gewöhnlich (Adv)	įprastaĩ	[i:pras'tʌɪ]

übrigens, ...	bejè, ...	[bɛ'jæ, ...]
möglicherweise (Adv)	įmãnoma	[i:'ma:noma]
wahrscheinlich (Adv)	tikétina	[tʲɪ'kʲe:tʲɪna]
vielleicht (Adv)	gãli bū̃ti	['ga:lʲɪ 'bu:tʲɪ]
außerdem ...	bè tõ, ...	['bʲɛ to:, ...]
deshalb ...	todėl ...	[to'dʲe:lʲ ...]
trotz ...	nepaĩsant ...	[nʲɛ'pʌɪsant ...]
dank ...	... dėkà	[... dʲe:'ka]

was (~ ist denn?)	kàs	['kas]
das (~ ist alles)	kàs	['kas]
etwas	kažkàs	[kaʒ'kas]
irgendwas	kažkàs	[kaʒ'kas]
nichts	niẽko	['nʲɛkɔ]

wer (~ ist ~?)	kàs	['kas]
jemand	kažkàs	[kaʒ'kas]
irgendwer	kažkàs	[kaʒ'kas]

niemand	niẽkas	['nʲɛkas]
nirgends	niẽkur	['nʲɛkʊr]
niemandes (~ Eigentum)	niẽkieno	['nʲɛ'kʲiɛnɔ]
jemandes	kažkienõ	[kaʒkʲiɛ'no:]

so (derart)	taĩp	['tʌɪp]
auch	taĩp pàt	['tʌɪp 'pat]
ebenfalls	ìrgi	['ɪrgʲɪ]

6. Funktionswörter. Adverbien. Teil 2

Warum?	Kodėl?	[kɔ'dʲe:lʲ?]
aus irgendeinem Grund	kažkodėl	[kaʒko'dʲe:lʲ]
weil ...	... todėl, kàd	[... to'dʲe:lʲ, 'kad]
zu irgendeinem Zweck	kažkodėl	[kaʒko'dʲe:lʲ]
und	ĩr	[ɪr]

oder	arba	[ar'ba]
aber	bet	['bʲɛt]
zu (~ viele)	pernelýg	[pʲɛrnʲɛ'lʲiːg]
nur (~ einmal)	tiktaĩ	[tʲɪk'tʌɪ]
genau (Adv)	tiksliaĩ	[tʲɪks'lʲɛɪ]
etwa	maždaũg	[maʒ'dɑʊg]
ungefähr (Adv)	apýtikriai	[a'pʲiːtʲɪkrʲɛɪ]
ungefähr (Adj)	apýtikriai	[a'pʲiːtʲɪkrʲɛɪ]
fast	beveĩk	[bʲɛ'vʲɛɪk]
Übrige (n)	vìsa kìta (m)	['vʲɪsa 'kʲɪta]
jeder (~ Mann)	kiekvíenas	[kʲiɛk'vʲiɛnas]
beliebig (Adj)	bet kurìs	['bʲɛt kʊ'rʲɪs]
viel	daũg	['dɑʊg]
viele Menschen	daũgelis	['dɑʊgʲɛlʲɪs]
alle (wir ~)	visì	[vʲɪ'sʲɪ]
im Austausch gegen ...	mainaĩs į̃ ...	[mʌɪ'nʌɪs iː ..]
dafür (Adv)	mainaĩs	[mʌɪ'nʌɪs]
mit der Hand (Hand-)	rañkiniu būdù	['raŋkʲɪnʲʊ bu:'dʊ]
schwerlich (Adv)	kažì	[ka'ʒʲɪ]
wahrscheinlich (Adv)	tikriáusiai	[tʲɪk'rʲæʊsʲɛɪ]
absichtlich (Adv)	týčia	['tʲiːtʃʲæ]
zufällig (Adv)	netýčia	[nʲɛ'tʲiːtʃʲæ]
sehr (Adv)	labaĩ	[lʲa'bʌɪ]
zum Beispiel	pãvyzdžiui	['pa:vʲiːzdʒʲʊi]
zwischen	tarp	['tarp]
unter (Wir sind ~ Mördern)	tarp	['tarp]
so viele (~ Ideen)	tiek	['tʲɛk]
besonders (Adv)	ypač	['ɪːpatʃ]

ZAHLEN. VERSCHIEDENES

7. Grundzahlen. Teil 1

null	nùlis	['nʊlʲɪs]
eins	víenas	['vʲiɛnas]
zwei	dù	['dʊ]
drei	trìs	['trʲɪs]
vier	keturì	[kʲɛtʊ'rʲɪ]
fünf	penkì	[pʲɛŋ'kʲɪ]
sechs	šešì	[ʃɛ'ʃʲɪ]
sieben	septynì	[sʲɛptʲiː'nʲɪ]
acht	aštuonì	[aʃtʊɑ'nʲɪ]
neun	devynì	[dʲɛvʲiː'nʲɪ]
zehn	dẽšimt	['dʲæʃɪmt]
elf	vienúolika	[vʲiɛ'nʊɑlʲɪka]
zwölf	dvýlika	['dvʲiːlʲɪka]
dreizehn	trýlika	['trʲiːlʲɪka]
vierzehn	keturiólika	[kʲɛtʊ'rʲolʲɪka]
fünfzehn	penkiólika	[pʲɛŋ'kʲolʲɪka]
sechzehn	šešiólika	[ʃɛ'ʃolʲɪka]
siebzehn	septyniólika	[sʲɛptʲiː'nʲolʲɪka]
achtzehn	aštuoniólika	[aʃtʊɑ'nʲolʲɪka]
neunzehn	devyniólika	[dʲɛvʲiː'nʲolʲɪka]
zwanzig	dvìdešimt	['dvʲɪdʲɛʃɪmt]
einundzwanzig	dvìdešimt víenas	['dvʲɪdʲɛʃɪmt 'vʲiɛnas]
zweiundzwanzig	dvìdešimt dù	['dvʲɪdʲɛʃɪmt 'dʊ]
dreiundzwanzig	dvìdešimt trìs	['dvʲɪdʲɛʃɪmt 'trʲɪs]
dreißig	trìsdešimt	['trʲɪsdʲɛʃɪmt]
einunddreißig	trìsdešimt víenas	['trʲɪsdʲɛʃɪmt 'vʲiɛnas]
zweiunddreißig	trìsdešimt dù	['trʲɪsdʲɛʃɪmt 'dʊ]
dreiunddreißig	trìsdešimt trìs	['trʲɪsdʲɛʃɪmt 'trʲɪs]
vierzig	kẽturiasdešimt	['kʲætʊrʲæsdʲɛʃɪmt]
einundvierzig	kẽturiasdešimt víenas	['kʲætʊrʲæsdʲɛʃɪmt 'vʲiɛnas]
zweiundvierzig	kẽturiasdešimt dù	['kʲætʊrʲæsdʲɛʃɪmt 'dʊ]
dreiundvierzig	kẽturiasdešimt trìs	['kʲætʊrʲæsdʲɛʃɪmt 'trʲɪs]
fünfzig	peñkiasdešimt	['pʲɛŋkʲæsdʲɛʃɪmt]
einundfünfzig	peñkiasdešimt víenas	['pʲɛŋkʲæsdʲɛʃɪmt 'vʲiɛnas]
zweiundfünfzig	peñkiasdešimt dù	['pʲɛŋkʲæsdʲɛʃɪmt 'dʊ]
dreiundfünfzig	peñkiasdešimt trìs	['pʲɛŋkʲæsdʲɛʃɪmt 'trʲɪs]
sechzig	šẽšiasdešimt	['ʃæʃæsdʲɛʃɪmt]
einundsechzig	šẽšiasdešimt víenas	['ʃæʃæsdʲɛʃɪmt 'vʲiɛnas]

| zweiundsechzig | šešiasdešimt du | [ˈʃæʃæsdʲɛʃɪmt ˈdʊ] |
| dreiundsechzig | šešiasdešimt trìs | [ˈʃæʃæsdʲɛʃɪmt ˈtrʲɪs] |

siebzig	septýniasdešimt	[sʲɛpˈtʲiːnʲæsdʲɛʃɪmt]
einundsiebzig	septýniasdešimt víenas	[sʲɛpˈtʲiːnʲæsdʲɛʃɪmt ˈvʲiɛnas]
zweiundsiebzig	septýniasdešimt du	[sʲɛpˈtʲiːnʲæsdʲɛʃɪmt ˈdʊ]
dreiundsiebzig	septýniasdešimt trìs	[sʲɛptʲiːnʲæsdʲɛʃɪmt ˈtrʲɪs]

achtzig	aštúoniasdešimt	[aʃˈtʊɑnʲæsdʲɛʃɪmt]
einundachtzig	aštúoniasdešimt víenas	[aʃˈtʊɑnʲæsdʲɛʃɪmt ˈvʲiɛnas]
zweiundachtzig	aštúoniasdešimt du	[aʃˈtʊɑnʲæsdʲɛʃɪmt ˈdʊ]
dreiundachtzig	aštúoniasdešimt trìs	[aʃˈtʊɑnʲæsdʲɛʃɪmt ˈtrʲɪs]

neunzig	devýniasdešimt	[dʲɛˈvʲiːnʲæsdʲɛʃɪmt]
einundneunzig	devýniasdešimt víenas	[dʲɛˈvʲiːnʲæsdʲɛʃɪmt ˈvʲiɛnas]
zweiundneunzig	devýniasdešimt du	[dʲɛˈvʲiːnʲæsdʲɛʃɪmt ˈdʊ]
dreiundneunzig	devýniasdešimt trìs	[dʲɛˈvʲiːnʲæsdʲɛʃɪmt ˈtrʲɪs]

8. Grundzahlen. Teil 2

einhundert	šim̃tas	[ˈʃɪmtas]
zweihundert	du šimtaĩ	[ˈdʊ ʃɪmˈtʌɪ]
dreihundert	trìs šimtaĩ	[ˈtrʲɪs ʃɪmˈtʌɪ]
vierhundert	keturì šimtaĩ	[kʲɛtʊˈrʲɪ ʃɪmˈtʌɪ]
fünfhundert	penkì šimtaĩ	[pʲɛŋˈkʲɪ ʃɪmˈtʌɪ]

sechshundert	šešì šimtaĩ	[ʃɛˈʃʲɪ ʃɪmˈtʌɪ]
siebenhundert	septynì šimtaĩ	[sʲɛptʲiːˈnʲɪ ˈʃɪmtʌɪ]
achthundert	aštuonì šimtaĩ	[aʃtʊɑˈnʲɪ ʃɪmˈtʌɪ]
neunhundert	devynì šimtaĩ	[dʲɛvʲiːˈnʲɪ ʃɪmˈtʌɪ]

eintausend	túkstantis	[ˈtuːkstantʲɪs]
zweitausend	du túkstančiai	[ˈdʊ ˈtuːkstantʂʲɛɪ]
dreitausend	trỹs túkstančiai	[ˈtrʲiːs ˈtuːkstantʂʲɛɪ]
zehntausend	dešimt túkstančių	[ˈdʲæʃɪmt ˈtuːkstantʂʲuː]
hunderttausend	šim̃tas túkstančių	[ˈʃɪmtas ˈtuːkstantʂʲuː]
Million (f)	milijõnas (v)	[mʲɪlʲɪˈjɔːnas]
Milliarde (f)	milijárdas (v)	[mʲɪlʲɪˈjardas]

9. Ordnungszahlen

der erste	pìrmas	[ˈpʲɪrmas]
der zweite	añtras	[ˈantras]
der dritte	trẽčias	[ˈtrʲætʂʲæs]
der vierte	ketvírtas	[kʲɛtˈvʲɪrtas]
der fünfte	peñktas	[ˈpʲɛŋktas]

der sechste	šẽštas	[ˈʃæʃtas]
der siebte	septiñtas	[sʲɛpˈtʲɪntas]
der achte	aštuñtas	[aʃˈtʊntas]
der neunte	deviñtas	[dʲɛˈvʲɪntas]
der zehnte	dešim̃tas	[dʲɛˈʃʲɪmtas]

FARBEN. MAßEINHEITEN

10. Farben

Farbe (f)	spalva (m)	[spalʲ'va]
Schattierung (f)	atspalvis (v)	['aːtspalʲvʲɪs]
Farbton (m)	tonas (v)	['tonas]
Regenbogen (m)	vaivorykštė (m)	[vʌɪ'vorʲiːkʃtʲeː]
weiß	balta	[balʲ'ta]
schwarz	juoda	[juɑ'da]
grau	pilka	[pʲɪlʲ'ka]
grün	žalia	[ʒa'lʲæ]
gelb	geltona	[gʲɛlʲ'tona]
rot	raudona	[rɑu'dona]
blau	mėlyna	['mʲeːlʲiːna]
hellblau	žydra	[ʒʲiːd'ra]
rosa	rožinė	['roːʒʲɪnʲe:]
orange	oranžinė	[o'ranʒʲɪnʲe:]
violett	violetinė	[vʲɪjo'lʲɛtʲɪnʲe:]
braun	ruda	[rʊ'da]
golden	auksinis	[ɑʊk'sʲɪnʲɪs]
silbrig	sidabrinis	[sʲɪda'brʲɪnʲɪs]
beige	smėlio spalvos	['smʲeːlʲɔ spalʲ'voːs]
cremefarben	kreminės spalvos	['krʲɛmʲɪnʲe:s spalʲ'voːs]
türkis	turkio spalvos	['tʊrkʲɔ spalʲ'voːs]
kirschrot	vyšnių spalvos	[vʲiːʃnʲu: spalʲ'voːs]
lila	alyvų spalvos	[a'lʲiːvu: spalʲ'voːs]
himbeerrot	avietinės spalvos	[a'vʲɛtʲɪnʲe:s spalʲ'voːs]
hell	šviesi	[ʃvʲiɛ'sʲɪ]
dunkel	tamsi	[tam'sʲɪ]
grell	ryškì	[rʲɪʃ'kʲɪ]
Farb- (z.B. -stifte)	spalvotas	[spalʲ'votas]
Farb- (z.B. -film)	spalvotas	[spalʲ'votas]
schwarz-weiß	juodai baltas	[juɑ'dʌɪ 'balʲtas]
einfarbig	vienspalvis	[vʲiɛns'palʲvʲɪs]
bunt	įvairiaspalvis	[iːvʌɪrʲæs'palʲvʲɪs]

11. Maßeinheiten

Gewicht (n)	svoris (v)	['svoːrʲɪs]
Länge (f)	ilgis (v)	[ilʲgʲɪs]

18

Breite (f)	plotis (v)	['pʲoːtʲɪs]
Höhe (f)	aūkštis (v)	['aʊkʃtʲɪs]
Tiefe (f)	gylis (v)	['gʲiːlʲɪs]
Volumen (n)	tūris (v)	['tuːrʲɪs]
Fläche (f)	plotas (v)	['pʲotas]

Gramm (n)	grāmas (v)	['graːmas]
Milligramm (n)	miligrāmas (v)	[mʲɪlʲɪ'graːmas]
Kilo (n)	kilogrāmas (v)	[kʲɪlʲo'graːmas]
Tonne (f)	tonā (m)	[to'na]
Pfund (n)	svāras (v)	['svaːras]
Unze (f)	ūncija (m)	['ʊntsʲɪjɛ]

Meter (m)	metras (v)	['mʲɛtras]
Millimeter (m)	milimetras (v)	[mʲɪlʲɪ'mʲɛtras]
Zentimeter (m)	centimetras (v)	[tsʲɛntʲɪ'mʲɛtras]
Kilometer (m)	kilometras (v)	[kʲɪlʲo'mʲɛtras]
Meile (f)	mylia (m)	[mʲiːlʲæ]

Zoll (m)	colis (v)	['tsolʲɪs]
Fuß (m)	pedā (m)	[pʲeː'da]
Yard (n)	jārdas (v)	[jardas]

| Quadratmeter (m) | kvadrātinis metras (v) | [kvad'raːtʲɪnʲɪs 'mʲɛtras] |
| Hektar (n) | hektāras (v) | [ɣʲɛk'taːras] |

Liter (m)	litras (v)	['lʲɪtras]
Grad (m)	laipsnis (v)	['lʲʌɪpsnʲɪs]
Volt (n)	voltas (v)	['volʲtas]
Ampere (n)	amperas (v)	[am'pʲɛras]
Pferdestärke (f)	árklio galia (m)	['arklʲo ga'lʲæ]

Anzahl (f)	kiekis (v)	['kʲɛkʲɪs]
etwas ...	nedaūg ...	[nʲɛ'daʊg ...]
Hälfte (f)	pusė (m)	['pʊsʲeː]
Dutzend (n)	tuzinas (v)	['tʊzʲɪnas]
Stück (n)	vienetas (v)	['vʲɛnʲɛtas]

| Größe (f) | dydis (v), išmatāvimai (v dgs) | ['dʲiːdʲɪs], [iʃma'taːvʲɪmʌɪ] |
| Maßstab (m) | mastelis (v) | [mas'tʲælʲɪs] |

minimal (Adj)	minimalus	[mʲɪnʲɪma'lʲʊs]
der kleinste	mažiausias	[ma'ʒʲæʊsʲæs]
mittler, mittel-	vidutinis	[vʲɪdʊ'tʲɪnʲɪs]
maximal (Adj)	maksimalus	[maksʲɪma'lʲʊs]
der größte	didžiausias	[dʲɪ'dʒʲæʊsʲæs]

12. Behälter

Glas (Einmachglas)	stiklaīnis (v)	[stʲɪk'lʲʌɪnʲɪs]
Dose (z.B. Bierdose)	skardinė (m)	[skar'dʲɪnʲeː]
Eimer (m)	kibiras (v)	['kʲɪbʲɪras]
Fass (n), Tonne (f)	statinė (m)	[sta'tʲɪnʲeː]
Waschschüssel (n)	dubenėlis (v)	[dʊbe'nʲeːlʲɪs]

19

Tank (m)	bãkas (v)	['ba:kas]
Flachmann (m)	kolba (m)	['kolʲba]
Kanister (m)	kanìstras (v)	[ka'nʲɪstras]
Zisterne (f)	bãkas (v)	['ba:kas]

Kaffeebecher (m)	puodėlis (v)	[puɑ'dʲælʲɪs]
Tasse (f)	puodėlis (v)	[puɑ'dʲælʲɪs]
Untertasse (f)	lėkštėlė (m)	[lʲe:kʃ'tʲælʲe:]
Wasserglas (n)	stìklas (v)	['stʲɪklʲas]
Weinglas (n)	taurė̃ (m)	[tɑu'rʲe:]
Kochtopf (m)	púodas (v)	['puɑdas]

| Flasche (f) | bùtelis (v) | ['butʲɛlʲɪs] |
| Flaschenhals (m) | kãklas (v) | ['ka:klʲas] |

Karaffe (f)	grafìnas (v)	[gra'fʲɪnas]
Tonkrug (m)	ąsõtis (v)	[a:'so:tʲɪs]
Gefäß (n)	ìndas (v)	['ɪndas]
Tontopf (m)	púodas (v)	['puɑdas]
Vase (f)	vazà (m)	[va'za]

Flakon (n)	bùtelis (v)	['butʲɛlʲɪs]
Fläschchen (n)	buteliùkas (v)	[butʲɛ'lʲukas]
Tube (z.B. Zahnpasta)	tūbà (m)	[tu:'ba]

Sack (~ Kartoffeln)	maĩšas (v)	['mʌɪʃas]
Tüte (z.B. Plastiktüte)	pakètas (v)	[pa'kʲɛtas]
Schachtel (f) (z.B. Zigaretten~)	plúoštas (v)	['plʲuɑʃtas]

Karton (z.B. Schuhkarton)	dėžė̃ (m)	[dʲe:'ʒʲe:]
Kiste (z.B. Bananenkiste)	dėžė̃ (m)	[dʲe:'ʒʲe:]
Korb (m)	krepšỹs (v)	[krʲɛp'ʃɪ:s]

DIE WICHTIGSTEN VERBEN

13. Die wichtigsten Verben. Teil 1

abbiegen (nach links ~)	sukti	['suktʲɪ]
abschicken (vt)	išsiųsti	[ɪʃ'sʲuːstʲɪ]
ändern (vt)	pakeisti	[pa'kʲɛɪstʲɪ]
andeuten (vt)	užsiminti	[ʊʒsʲɪ'mʲɪntʲɪ]
Angst haben	bijóti	[bʲɪ'jotʲɪ]
ankommen (vi)	atvažiúoti	[atva'ʒʲuɑtʲɪ]
antworten (vi)	atsakýti	[atsa'kʲiːtʲɪ]
arbeiten (vi)	dìrbti	['dʲɪrptʲɪ]
auf ... zählen	tikétis ...	[tʲɪ'kʲeːtʲɪs ...]
aufbewahren (vt)	sáugoti	['sɑʊgotʲɪ]
aufschreiben (vt)	užrašinéti	[ʊʒraʃɪ'nʲeːtʲɪ]
ausgehen (vi)	išeĩti	[ɪ'ʃɛɪtʲɪ]
aussprechen (vt)	ištaŕti	[ɪʃ'tartʲɪ]
bedauern (vt)	gailétis	[gʌɪ'lʲeːtʲɪs]
bedeuten (vt)	réikšti	['rʲɛɪkʃtʲɪ]
beenden (vt)	užbaĩgti	[ʊʒ'bʌɪktʲɪ]
befehlen (Milit.)	nurodinéti	[nʊrodʲɪ'nʲeːtʲɪ]
befreien (3tadt usw.)	išlaisvinti	[ɪʃ'lʌɪsvʲɪntʲɪ]
beginnen (vi)	pradéti	[pra'dʲeːtʲɪ]
bemerken (vt)	pastebéti	[paste'bʲeːtʲɪ]
beobachten (vt)	stebéti	[ste'bʲeːtʲɪ]
berühren (vt)	čiupinéti	[tʃʲʊpʲɪ'nʲeːtʲɪ]
besitzen (vt)	mokéti	[mo'kʲeːtʲɪ]
besprechen (vt)	aptarinéti	[aptarʲɪ'nʲætʲɪ]
bestehen auf	reikaláuti	[rʲɛɪka'lʲɑʊtʲɪ]
bestellen (im Restaurant)	užsakinéti	[ʊʒsakʲɪ'nʲeːtʲɪ]
bestrafen (vt)	baũsti	['bɑʊstʲɪ]
beten (vi)	melstis	['mʲɛˈlʲstʲɪs]
bitten (vt)	prašýti	[pra'ʃɪːtʲɪ]
brechen (vt)	láužyti	['lʲɑʊʒʲiːtʲɪ]
denken (vi, vt)	galvóti	[galʲ'votʲɪ]
drohen (vi)	grasìnti	[gra'sʲɪntʲɪ]
Durst haben	noréti gérti	[no'rʲeːtʲɪ 'gʲærtʲɪ]
einladen (vt)	kviẽsti	['kvʲɛstʲɪ]
einstellen (vt)	nustóti	[nʊ'stotʲɪ]
einwenden (vt)	prieštaráuti	[prʲiɛʃta'rɑʊtʲɪ]
empfehlen (vt)	rekomendúoti	[rʲɛkomʲɛn'dʊɑtʲɪ]
erklären (vt)	paaiškinti	[pa'ʌɪʃkʲɪntʲɪ]
erlauben (vt)	léisti	['lʲɛɪstʲɪ]

21

ermorden (vt)	žudýti	[ʒuˈdʲiːtʲɪ]
erwähnen (vt)	minéti	[mʲɪˈnʲeːtʲɪ]
existieren (vi)	egzistúoti	[ɛgzʲɪsˈtuatʲɪ]

14. Die wichtigsten Verben. Teil 2

fallen (vi)	krìsti	[ˈkrʲɪstʲɪ]
fallen lassen	numèsti	[nuˈmʲɛstʲɪ]
fangen (vt)	gáudyti	[ˈɡaʊdʲiːtʲɪ]
finden (vt)	ràsti	[ˈrastʲɪ]
fliegen (vi)	skrìsti	[ˈskrʲɪstʲɪ]

folgen (Folge mir!)	sèkti ...	[ˈsʲɛktʲɪ ...]
fortsetzen (vt)	tęsti	[ˈtʲɛːstʲɪ]
fragen (vt)	kláusti	[ˈklʲaʊstʲɪ]
frühstücken (vi)	pùsryčiauti	[ˈpʊsrʲiːtʃʲɛʊtʲɪ]
geben (vt)	dúoti	[ˈduatʲɪ]

gefallen (vi)	patìkti	[paˈtʲɪktʲɪ]
gehen (zu Fuß gehen)	eìti	[ˈɛɪtʲɪ]
gehören (vi)	priklausýti	[prʲɪklʲaʊˈsʲiːtʲɪ]
graben (vt)	raùsti	[ˈraʊstʲɪ]

haben (vt)	turéti	[tʊˈrʲeːtʲɪ]
helfen (vi)	padéti	[paˈdʲeːtʲɪ]
herabsteigen (vi)	léistis	[ˈlʲɛɪstʲɪs]
hereinkommen (vi)	įeìti	[iːˈɛɪtʲɪ]

hoffen (vi)	tikétis	[tʲɪˈkʲeːtʲɪs]
hören (vt)	girdéti	[ɡʲɪrˈdʲeːtʲɪ]
hungrig sein	noréti válgyti	[nɔˈrʲeːtʲɪ ˈvalʲɡʲiːtʲɪ]
informieren (vt)	informúoti	[ɪnfɔrˈmuatʲɪ]
jagen (vi)	medžióti	[mʲɛˈdʒʲotʲɪ]

kennen (vt)	pažinóti	[paʒʲɪˈnotʲɪ]
klagen (vi)	skųstis	[ˈskuːstʲɪs]
können (v mod)	galéti	[ɡaˈlʲeːtʲɪ]
kontrollieren (vt)	kontroliúoti	[kɔntrɔˈlʲuatʲɪ]
kosten (vt)	kainúoti	[kʌɪˈnuatʲɪ]

kränken (vt)	įžeidinéti	[iːʒˈɛɪdʲɪˈnʲeːtʲɪ]
lächeln (vi)	šypsótis	[ʃiːpˈsotʲɪs]
lachen (vi)	juõktis	[ˈjuaktʲɪs]
laufen (vi)	bégti	[ˈbʲeːktʲɪ]
leiten (Betrieb usw.)	vadováuti	[vadoˈvaʊtʲɪ]

lernen (vt)	studijúoti	[stʊdʲɪˈjuatʲɪ]
lesen (vi, vt)	skaitýti	[skʌɪˈtʲiːtʲɪ]
lieben (vt)	myléti	[mʲiːˈlʲeːtʲɪ]
machen (vt)	darýti	[daˈrʲiːtʲɪ]

mieten (Haus usw.)	núomotis	[ˈnuamotʲɪs]
nehmen (vt)	im̃ti	[ˈɪmtʲɪ]
noch einmal sagen	kartóti	[karˈtotʲɪ]

| nötig sein | bū́ti reikalìngu | ['bu:tʲɪ rʲɛɪka'lʲɪŋgʊ] |
| öffnen (vt) | atidarýti | [atʲɪda'rʲi:tʲɪ] |

15. Die wichtigsten Verben. Teil 3

planen (vt)	planúoti	[plʲa'nʊatʲɪ]
prahlen (vi)	gìrtis	['gʲɪrtʲɪs]
raten (vt)	patarinéti	[patarʲɪ'nʲe:tʲɪ]
rechnen (vt)	skaičiúoti	[skʌɪ'tʃʲʊatʲɪ]
reservieren (vt)	rezervúoti	[rʲɛzʲɛr'vʊatʲɪ]

retten (vt)	gélbéti	['gʲælʲbʲe:tʲɪ]
richtig raten (vt)	atspéti	[at'spʲe:tʲɪ]
rufen (um Hilfe ~)	kviẽsti	['kvʲɛstʲɪ]
sagen (vt)	pasakýti	[pasa'kʲi:tʲɪ]
schaffen (Etwas Neues zu ~)	sukùrti	[sʊ'kʊrtʲɪ]

schelten (vt)	bárti	['bartʲɪ]
schießen (vi)	šáudyti	['ʃɑʊdʲi:tʲɪ]
schmücken (vt)	puõšti	['pʊaʃtʲɪ]
schreiben (vi, vt)	rašýti	[ra'ʃʲɪ:tʲɪ]
schreien (vi)	šaũkti	['ʃɑʊktʲɪ]

schweigen (vi)	tyléti	[tʲi:'lʲe:tʲɪ]
schwimmen (vi)	plaũkti	['plʲɑʊktʲɪ]
schwimmen gehen	máudytis	['mɑʊdʲi:tʲɪs]
sehen (vi, vt)	matýti	[ma'tʲi:tʲɪ]

sein (vi)	bū́ti	['bu:tʲɪ]
sich beeilen	skubéti	[skʊ'bʲe:tʲɪ]
sich entschuldigen	atsiprašinéti	[atsʲɪpraʃʲɪ'nʲe:tʲɪ]

sich interessieren	dométis	[do'mʲe:tʲɪs]
sich irren	klýsti	['klʲi:stʲɪ]
sich setzen	séstis	['sʲe:stʲɪs]
sich weigern	atsisakýti	[atsʲɪsa'kʲi:tʲɪ]
spielen (vi, vt)	žaĩsti	['ʒʌɪstʲɪ]

sprechen (vi)	sakýti	[sa'kʲi:tʲɪ]
staunen (vi)	stebétis	[ste'bʲe:tʲɪs]
stehlen (vt)	võgti	['vo:ktʲɪ]
stoppen (vt)	sustóti	[sʊs'totʲɪ]
suchen (vt)	ieškóti	[ɪɛʃ'kotʲɪ]

16. Die wichtigsten Verben. Teil 4

täuschen (vt)	apgaudinéti	[apgɑʊdʲɪ'nʲe:tʲɪ]
teilnehmen (vi)	dalyváuti	[dalʲi:'vɑʊtʲɪ]
übersetzen (Buch usw.)	ver̃sti	['vʲɛrstʲɪ]
unterschätzen (vt)	neįvértinti	[nʲɛɪ:'vʲɛrtʲɪntʲɪ]
unterschreiben (vt)	pasirašinéti	[pasʲɪraʃʲɪ'nʲe:tʲɪ]
vereinigen (vt)	apjùngti	[a'pjʊŋktʲɪ]

vergessen (vt)	užmiršti	[ʊʒ'mˈɪrʃtˈɪ]
vergleichen (vt)	lyginti	['lˈiːgˈɪntˈɪ]
verkaufen (vt)	pardavinéti	[pardavˈɪ'nˈeːtˈɪ]
verlangen (vt)	reikaláuti	[rˈɛɪka'lˈɑʊtˈɪ]

versäumen (vt)	praleidinéti	[pralˈɛɪdˈɪ'nˈeːtˈɪ]
versprechen (vt)	žadéti	[ʒa'dˈeːtˈɪ]
verstecken (vt)	slépti	['slˈeːptˈɪ]
verstehen (vt)	suprásti	[sʊp'rastˈɪ]
versuchen (vt)	bandýti	[ban'dˈiːtˈɪ]

verteidigen (vt)	giñti	['gˈɪntˈɪ]
vertrauen (vi)	pasitikéti	[pasˈɪtˈɪ'kˈeːtˈɪ]
verwechseln (vt)	suklýsti	[sʊk'lˈiːstˈɪ]
verzeihen (vi, vt)	atléisti	[at'lˈɛɪstˈɪ]
verzeihen (vt)	atléisti	[at'lˈɛɪstˈɪ]
voraussehen (vt)	numatýti	[nʊma'tˈiːtˈɪ]

vorschlagen (vt)	siúlyti	['sˈuː'lˈiːtˈɪ]
vorziehen (vt)	téikti pirmenýbę	['tˈɛɪktˈɪ pˈɪrmˈɛ'nˈiːbˈɛː]
wählen (vt)	išširiñkti	[ɪʃsˈɪ'rˈɪŋktˈɪ]
warnen (vt)	pérspéti	['pˈɛrspˈeːtˈɪ]
warten (vi)	láukti	['lˈɑʊktˈɪ]
weinen (vi)	veȓkti	['vˈɛrktˈɪ]

wissen (vt)	žinóti	[ʒˈɪ'notˈɪ]
Witz machen	juokáuti	[jʊɑ'kɑʊtˈɪ]
wollen (vt)	noréti	[no'rˈeːtˈɪ]
zahlen (vt)	mokéti	[mo'kˈeːtˈɪ]
zeigen (jemandem etwas)	ródyti	['rodˈiːtˈɪ]

zu Abend essen	vakarieniáuti	[vakarˈɪɛ'nˈæʊtˈɪ]
zu Mittag essen	pietáuti	[pˈɪɛ'tɑʊtˈɪ]
zubereiten (vt)	gamìnti	[ga'mˈɪntˈɪ]
zustimmen (vi)	sutìkti	[sʊ'tˈɪktˈɪ]
zweifeln (vi)	abejóti	[abˈɛ'jotˈɪ]

ZEIT. KALENDER

17. Wochentage

Montag (m)	pirmãdienis (v)	[pʲɪrˈmaːdʲiɛnʲɪs]
Dienstag (m)	antrãdienis (v)	[anˈtraːdʲiɛnʲɪs]
Mittwoch (m)	trečiãdienis (v)	[trʲɛˈtʂʲædʲiɛnʲɪs]
Donnerstag (m)	ketvirtãdienis (v)	[kʲɛtvʲɪrˈtaːdʲiɛnʲɪs]
Freitag (m)	penktãdienis (v)	[pʲɛŋkˈtaːdʲiɛnʲɪs]
Samstag (m)	šeštãdienis (v)	[ʃɛʃˈtaːdʲiɛnʲɪs]
Sonntag (m)	sekmãdienis (v)	[sʲɛkˈmaːdʲiɛnʲɪs]

heute	šiañdien	[ˈʃændʲiɛn]
morgen	rytój	[rʲiːˈtoj]
übermorgen	porýt	[poˈrʲiːt]
gestern	vãkar	[ˈvaːkar]
vorgestern	ùžvakar	[ˈʊʒvakar]

Tag (m)	dienà (m)	[dʲiɛˈna]
Arbeitstag (m)	dárbo dienà (m)	[ˈdarbo dʲiɛˈna]
Feiertag (m)	šveñtinė dienà (m)	[ˈʃvɛntʲɪnʲe: dʲiɛˈna]
freier Tag (m)	išeiginė dienà (m)	[ɪʃɛɪˈgʲɪnʲe: dʲiɛˈna]
Wochenende (n)	savaitgalis (v)	[saˈvʌɪtgalʲɪs]

den ganzen Tag	visą dieną	[ˈvʲɪsa: ˈdʲɛna:]
am nächsten Tag	sẽkančią dieną	[ˈsʲɛkantʂʲæ: ˈdʲɛna:]
zwei Tage vorher	priẽš dvì dienàs	[ˈprʲɛʃ ˈdvʲɪ dʲiɛˈnas]
am Vortag	išvakarẽse	[ˈɪʃvakarʲe:se]
täglich (Adj)	kasdiẽnis	[kasˈdʲiɛnʲɪs]
täglich (Adv)	kasdiẽn	[kasˈdʲiɛn]

Woche (f)	savaĩtė (m)	[saˈvʌɪtʲe:]
letzte Woche	praeitą savaĩtę	[ˈpraʲɛɪta: saˈvʌɪtʲɛː]
nächste Woche	ateĩnančią savaĩtę	[aˈtʲɛɪnantʂʲæ: saˈvʌɪtʲɛː]
wöchentlich (Adj)	kassavaĩtinis	[kassaˈvʌɪtʲɪnʲɪs]
wöchentlich (Adv)	kàs savaĩtę	[ˈkas saˈvʌɪtʲɛː]
zweimal pro Woche	dù kartùs peř savaĩtę	[ˈdʊ karˈtʊs pʲɛr saˈvʌɪtʲɛː]
jeden Dienstag	kiekvíeną antrãdienį	[kʲiɛkˈvʲiːɛna: anˈtra:dʲɪːɛnʲɪː]

18. Stunden. Tag und Nacht

Morgen (m)	rýtas (v)	[ˈrʲiːtas]
morgens	rytè	[rʲiːˈtʲɛ]
Mittag (m)	vidurdienis (v)	[vʲɪˈdʊrdʲiɛnʲɪs]
nachmittags	popiẽt	[poˈpʲɛt]

Abend (m)	vãkaras (v)	[ˈvaːkaras]
abends	vakarè	[vakaˈrʲɛ]

Nacht (f)	naktìs (m)	[nak'tʲɪs]
nachts	nãktį	['naːkti:]
Mitternacht (f)	vidùrnaktis (v)	[vʲɪ'dʊrnaktʲɪs]

Sekunde (f)	sekùndė (m)	[sʲɛ'kʊndʲe:]
Minute (f)	minùtė (m)	[mʲɪ'nʊtʲe:]
Stunde (f)	valandà (m)	[valʲan'da]
eine halbe Stunde	pùsvalandis (v)	['pʊsvalʲandʲɪs]
Viertelstunde (f)	ketvírtis valandõs	[kʲɛt'vʲɪrtʲɪs valʲan'do:s]
fünfzehn Minuten	penkiólika minùčių	[pʲɛŋ'kʲolʲɪka mʲɪ'nʊtʂʲu:]
Tag und Nacht	parà (m)	[pa'ra]

Sonnenaufgang (m)	sáulės patekėjimas (v)	['saʊlʲe:s patʲɛ'kʲɛjɪmas]
Morgendämmerung (f)	aušrà (m)	[aʊʃ'ra]
früher Morgen (m)	ankstývas rýtas (v)	[aŋk'stʲi:vas 'rʲi:tas]
Sonnenuntergang (m)	saulėlydis (v)	[saʊ'lʲe:lʲi:dʲɪs]

früh am Morgen	ankstì rytè	[aŋk'stʲɪ rʲi:'tʲɛ]
heute Morgen	šiañdien rytè	['ʃændʲiɛn rʲi:'tʲɛ]
morgen früh	rytój rytè	[rʲi:'toj rʲi:'tʲɛ]

heute Mittag	šiañdien diẽną	['ʃæn'dʲɛn 'dʲiɛna:]
nachmittags	popiẽt	[po'pʲɛt]
morgen Nachmittag	rytój popiẽt	[rʲi:'toj po'pʲɛt]

heute Abend	šiañdien vakarè	['ʃændʲiɛn vaka'rʲɛ]
morgen Abend	rytój vakarè	[rʲi:'toj vaka'rʲɛ]

Punkt drei Uhr	lýgiai trẽčią vãlandą	['lʲi:gʲɛɪ 'trʲætʂʲæ: 'vaːlanda:]
gegen vier Uhr	apiẽ ketvírtą vãlandą	[a'pʲɛ kʲɛtvʲɪrta: vaːlʲanda:]
um zwölf Uhr	dvýliktai vãlandai	['dvʲi:lʲɪktʌɪ 'vaːlandʌɪ]

in zwanzig Minuten	ùž dvidešimtiẽs minùčių	['ʊʒ dvʲɪdʲɛʃɪm'tʲɛs mʲɪ'nʊtʂʲu:]
in einer Stunde	ùž valandõs	['ʊʒ valʲan'do:s]
rechtzeitig (Adv)	laikù	[lʲʌɪ'kʊ]

Viertel vor …	bè ketvírčio	['bʲɛ 'kʲɛtvʲɪrtʂʲɔ]
innerhalb einer Stunde	valandõs bė́gyje	[valʲan'do:s 'bʲe:gʲi:je]
alle fünfzehn Minuten	kàs penkiólika minùčių	['kas pʲɛŋ'kʲolʲɪka mʲɪ'nʊtʂʲu:]
Tag und Nacht	vìsą pãrą (m)	['vʲɪsa: 'paːra:]

19. Monate. Jahreszeiten

Januar (m)	saũsis (v)	['saʊsʲɪs]
Februar (m)	vasãris (v)	[va'saːrʲɪs]
März (m)	kovàs (v)	[kɔ'vas]
April (m)	balañdis (v)	[ba'lʲandʲɪs]
Mai (m)	gegužė̃ (m)	[gʲɛgʊ'ʒʲe:]
Juni (m)	birželis (v)	[bʲɪr'ʒʲælʲɪs]

Juli (m)	líepa (m)	['lʲiɛpa]
August (m)	rugpjū́tis (v)	[rʊg'pjuːtʲɪs]
September (m)	rugsėjis (v)	[rʊg'sʲɛjɪs]
Oktober (m)	spãlis (v)	['spaːlʲɪs]

| November (m) | lãpkritis (v) | ['lʲaːpkrʲɪtʲɪs] |
| Dezember (m) | gruõdis (v) | ['gruɑdʲɪs] |

Frühling (m)	pavãsaris (v)	[paˈvaːsarʲɪs]
im Frühling	pavãsarį	[paˈvaːsarʲɪː]
Frühlings-	pavasarìnis	[pavasaˈrʲɪnʲɪs]

Sommer (m)	vãsara (m)	['vaːsara]
im Sommer	vãsarą	['vaːsaraː]
Sommer-	vasarìnis	[vasaˈrʲɪnʲɪs]

Herbst (m)	ruduõ (v)	[rʊ'dʊɑ]
im Herbst	rùdenį	['rʊdʲɛnʲɪː]
Herbst-	rudenìnis	[rʊdʲɛˈnʲɪnʲɪs]

Winter (m)	žiemà (m)	[ʒʲiɛˈma]
im Winter	žiẽmą	['ʒʲɛmaː]
Winter-	žiemìnis	[ʒʲiɛˈmʲɪnʲɪs]

Monat (m)	ménuo (v)	['mʲeːnʊɑ]
in diesem Monat	šį ménesį	[ʃɪ 'mʲeːnesʲɪː]
nächsten Monat	kìtą ménesį	['kʲɪːta 'mʲeːnesʲɪː]
letzten Monat	praeitą ménesį	['praʲɛɪta 'mʲeːnesʲɪː]

vor einem Monat	priẽš ménesį	['prʲɪːɛʃ 'mʲeːnesʲɪː]
über eine Monat	ùž ménesio	['ʊʒ 'mʲeːnesʲɔ]
in zwei Monaten	ùž dvejų̃ ménesių	['ʊʒ dveˈju: 'mʲeːnesʲuː]
den ganzen Monat	vìsą ménesį	['vʲɪsa: 'mʲeːnesʲɪː]

monatlich (Adj)	kasménesìnis	[kasmʲeːneˈsʲɪnʲɪs]
monatlich (Adv)	kõo ménesį	['kas 'mʲeːnesʲɪː]
jeden Monat	kiekvíeną ménesį	[kʲiɛkˈvʲɪːɛna: 'mʲeːnesʲɪː]
zweimal pro Monat	dù kartùs peř ménesį	['dʊ kar'tʊs per 'mʲeːnesʲɪː]

Jahr (n)	mẽtai (v dgs)	['mʲætʌɪ]
dieses Jahr	šiaĩs mẽtais	['ʃʲɛɪs 'mʲætʌɪs]
nächstes Jahr	kitaĩs mẽtais	[kʲɪ'tʌɪs 'mʲætʌɪs]
voriges Jahr	praeitaĩs mẽtais	[praʲɛɪ'tʌɪs 'mʲætʌɪs]

vor einem Jahr	priẽš metùs	['prʲɛʃ mʲɛ'tʊs]
in einem Jahr	ùž mẽtų	['ʊʒ 'mʲætu:]
in zwei Jahren	ùž dvejų̃ mẽtų	['ʊʒ dvʲɛ'ju: 'mʲætu:]
das ganze Jahr	visùs metùs	[vʲɪ'sʊs mʲɛ'tʊs]

jedes Jahr	kàs metùs	['kas mʲɛ'tʊs]
jährlich (Adj)	kasmetìnis	[kasmʲɛ'tʲɪnʲɪs]
jährlich (Adv)	kàs metùs	['kas mʲɛ'tʊs]
viermal pro Jahr	kẽturis kartùs per metùs	['kʲætʊrʲɪs kar'tʊs pʲɛr mʲɛ'tʊs]

Datum (heutige ~)	dienà (m)	[dʲiɛ'na]
Datum (Geburts-)	datà (m)	[da'ta]
Kalender (m)	kalendõrius (v)	[kalʲɛn'doːrʲʊs]

| ein halbes Jahr | pùsė mẽtų | ['pʊsʲe: 'mʲætu:] |
| Halbjahr (n) | pùsmetis (v) | ['pʊsmʲɛtʲɪs] |

| Saison (f) | sezonas (v) | [sʲɛ'zonas] |
| Jahrhundert (n) | ámžius (v) | ['amʒʲʊs] |

REISEN. HOTEL

20. Ausflug. Reisen

Tourismus (m)	turizmas (v)	[tʊ'rʲɪzmas]
Tourist (m)	turistas (v)	[tʊ'rʲɪstas]
Reise (f)	kelionė (m)	[kʲɛ'lʲoːnʲe:]
Abenteuer (n)	núotykis (v)	['nʊatʲiːkʲɪs]
Fahrt (f)	išvyka (m)	['ɪʃvʲiːka]
Urlaub (m)	atóstogos (m dgs)	[a'tostogos]
auf Urlaub sein	atostogáuti	[atosto'gautʲɪ]
Erholung (f)	póilsis (v)	['poɪlʲsʲɪs]
Zug (m)	traukinỹs (v)	[traʊkʲɪ'nʲiːs]
mit dem Zug	tráukiniu	['traʊkʲɪnʲʊ]
Flugzeug (n)	léktuvas (v)	[lʲe:k'tʊvas]
mit dem Flugzeug	léktuvu	[lʲe:ktʊ'vʊ]
mit dem Auto	automobiliù	[automobʲɪ'lʲʊ]
mit dem Schiff	laivù	[lʲʌɪ'vʊ]
Gepäck (n)	bagãžas (v)	[ba'ga:ʒas]
Koffer (m)	lagaminas (v)	[lʲaga'mʲɪnas]
Gepäckwagen (m)	bagãžo vežimėlis (v)	[ba'ga:ʒɔ veʒʲɪ'mʲe:lʲɪs]
Pass (m)	pãsas (v)	['pa:sas]
Visum (n)	vizà (m)	[vʲɪ'za]
Fahrkarte (f)	bilietas (v)	['bʲɪlʲiɛtas]
Flugticket (n)	léktuvo bilietas (v)	[lʲe:k'tʊvɔ 'bʲɪlʲiɛtas]
Reiseführer (m)	vadõvas (v)	[va'do:vas]
Landkarte (f)	žemélapis (v)	[ʒe'mʲe:lʲapʲɪs]
Gegend (f)	vietóvė (m)	[vʲiɛ'tovʲe:]
Ort (wunderbarer ~)	vietà (m)	[vʲiɛ'ta]
Exotika (pl)	egzòtika (m)	[ɛg'zotʲɪka]
exotisch	egzòtinis	[ɛg'zotʲɪnʲɪs]
erstaunlich (Adj)	nuostabùs	[nʊasta'bʊs]
Gruppe (f)	grùpė (m)	['grʊpʲe:]
Ausflug (m)	ekskùrsija (m)	[ɛks'kʊrsʲɪjɛ]
Reiseleiter (m)	ekskùrsijos vadõvas (v)	[ɛks'kʊrsʲɪjɔs va'do:vas]

21. Hotel

Hotel (n), Gasthaus (n)	viẽšbutis (v)	['vʲɛʃbutʲɪs]
Motel (n)	motèlis (v)	[mo'tʲɛlʲɪs]
drei Sterne	3 žvaigždùtės	['trʲɪs ʒvʌɪgʒ'dʊtʲe:s]

| fünf Sterne | 5 žvaigždutės | ['penᵏᵒs ʒvʌɪgʒ'dutᵉe:s] |
| absteigen (vi) | apsistóti | [apsᵇɪs'totᵇɪ] |

Hotelzimmer (n)	kambarỹs (v)	[kamba'rᵇi:s]
Einzelzimmer (n)	vienvietis kambarỹs (v)	['vᵇiɛn'vᵇɛtᵇɪs kamba'rᵇi:s]
Zweibettzimmer (n)	dvivietis kambarỹs (v)	[dvᵇɪ'vᵇɛtᵇɪs kamba'rᵇi:s]
reservieren (vt)	rezervúoti kambarį	[rᵇɛzᵇɛr'vuatᵇɪ 'kambarᵇɪ:]

| Halbpension (f) | pusiáu pensiónas (v) | [pusᵇæu pᵇɛnsᵇɪ'jɔnas] |
| Vollpension (f) | pensiónas (v) | [pᵇɛnsᵇɪ'jɔnas] |

mit Bad	sù vonià	['su vo'nᵇæ]
mit Dusche	sù dušù	['su du'ʃu]
Satellitenfernsehen (n)	palydóvinė televizija (m)	[palᵇi:'do:vᵇɪnᵇe: tᵇɛlᵇɛ'vᵇɪzᵇɪjɛ]
Klimaanlage (f)	kondicioniẽrius (v)	[kɔndᵇɪtsᵇɪjɔ'nᵇɛrᵇus]
Handtuch (n)	rañkšluostis (v)	['raŋkʃlᵇuastᵇɪs]
Schlüssel (m)	rãktas (v)	['ra:ktas]

Verwalter (m)	administrãtorius (v)	[admᵇɪnᵇɪs'tra:torᵇus]
Zimmermädchen (n)	kambarìnė (m)	[kamba'rᵇɪnᵇe:]
Träger (m)	nešìkas (v)	[nᵇɛ'ʃɪkas]
Portier (m)	registrãtorius (v)	[rᵇɛgᵇɪs'tra:torᵇus]

Restaurant (n)	restorãnas (v)	[rᵇɛsto'ra:nas]
Bar (f)	bãras (v)	['ba:ras]
Frühstück (n)	pùsryčiai (v dgs)	['pusrᵇi:tʂᵇɛɪ]
Abendessen (n)	vakariẽnė (m)	[vaka'rᵇɛnᵇe:]
Buffet (n)	švèdiškas stãlas (v)	['ʃvᵇɛdᵇɪʃkas 'sta:lᵇas]

| Foyer (n) | vestibiùlis (v) | [vᵇɛstᵇɪr'bᵇulᵇɪs] |
| Aufzug (m), Fahrstuhl (m) | lìftas (v) | ['lᵇɪftas] |

| BITTE NICHT STÖREN! | NETRUKDÝTI | [nᵇɛtruk'dᵇi:tᵇɪ] |
| RAUCHEN VERBOTEN! | NERŪKÝTI! | [nᵇɛru:'kᵇi:tᵇɪ] |

22. Sehenswürdigkeiten

Denkmal (n)	pamiñklas (v)	[pa'mᵇɪŋklᵇas]
Festung (f)	tvirtóvė (m)	[tvᵇɪr'tovᵉe:]
Palast (m)	rūmai (v)	['ru:mʌɪ]
Schloss (n)	pilìs (m)	[pᵇɪ'lᵇɪs]
Turm (m)	bókštas (v)	['bokʃtas]
Mausoleum (n)	mauzoliẽjus (v)	[mauzo'lᵇɛjus]

Architektur (f)	architektūrà (m)	[arxᵇɪtᵇɛktu:'ra]
mittelalterlich	vidùramžių (v)	[vᵇɪ'duramʒᵇu:]
alt (antik)	senóvinis	[sᵇɛ'novᵇɪnᵇɪs]
national	nacionãlinis	[natsᵇɪjɔ'na:lᵇɪnᵇɪs]
berühmt	žymùs	[ʒᵇi:'mus]

Tourist (m)	turìstas (v)	[tu'rᵇɪstas]
Fremdenführer (m)	gìdas (v)	['gᵇɪdas]
Ausflug (m)	ekskùrsija (m)	[ɛks'kursᵇɪjɛ]
zeigen (vt)	ródyti	['rodᵇi:tᵇɪ]

erzählen (vt)	pãsakoti	['pa:sakoti̯ɪ]
finden (vt)	rãsti	['rasti̯ɪ]
sich verlieren	pasiklýsti	[pasi̯ɪ'kli̯i:sti̯ɪ]
Karte (U-Bahn ~)	schemà (m)	[sxi̯ɛ'ma]
Karte (Stadt-)	plãnas (v)	['pli̯a:nas]
Souvenir (n)	suvenýras (v)	[suvi̯ɛ'ni̯i:ras]
Souvenirladen (m)	suvenýrų parduotùvė (m)	[suve'ni̯i:ru: parduɑ'tuvi̯e:]
fotografieren (vt)	fotografúoti	[fotogra'fuɑti̯ɪ]
sich fotografieren	fotografúotis	[fotogra'fuɑti̯ɪs]

TRANSPORT

23. Flughafen

Flughafen (m)	óro úostas (v)	['orɔ 'ʊɑstas]
Flugzeug (n)	léktùvas (v)	[lʲeːkˈtʊvas]
Fluggesellschaft (f)	aviakompãnija (m)	[avʲækomˈpaːnʲɪjɛ]
Fluglotse (m)	dispèčeris (v)	[dʲɪsˈpʲɛtʂʲɛrʲɪs]
Abflug (m)	išskridìmas (v)	[ɪʃskrʲɪˈdʲɪmas]
Ankunft (f)	atskridìmas (v)	[atskrʲɪˈdʲɪmas]
anfliegen (vi)	atskrìsti	[atsˈkrʲɪstʲɪ]
Abflugzeit (f)	išvykìmo laĩkas (v)	[ɪʃvʲiːˈkʲɪmɔ 'lʲʌɪkas]
Ankunftszeit (f)	atvykìmo laĩkas (v)	[atvʲiːˈkʲɪmɔ 'lʲʌɪkas]
sich verspäten	vėlúoti	[vʲeːˈlʲʊɑtʲɪ]
Abflugverspätung (f)	skrỹdžio atidėjìmas (v)	['skrʲiːdʒʲɔ atʲɪdʲeːˈjɪmas]
Anzeigetafel (f)	informãcinė šviẽslentė (m)	[ɪnforˈmaːtsʲɪnʲe: 'ʃvʲɛslʲɛntʲe:]
Information (f)	informãcija (m)	[ɪnforˈmaːtsʲɪjɛ]
ankündigen (vt)	paskélbti	[pasˈkʲɛlʲptʲɪ]
Flug (m)	reĩsas (v)	['rʲɛɪsas]
Zollamt (n)	muĩtinė (m)	['mʊɪtʲɪnʲe:]
Zollbeamter (m)	muĩtininkas (v)	['mʊɪtʲɪnʲɪŋkas]
Zolldeklaration (f)	deklarãcija (m)	[dʲɛklʲaˈraːtsʲɪjɛ]
ausfüllen (vt)	užpìldyti	[ʊʒˈpʲɪlʲdʲiːtʲɪ]
die Zollerklärung ausfüllen	užpìldyti deklarãciją	[ʊʒˈpʲɪlʲdʲiːtʲɪ dʲɛklaˈraːtsɪja:]
Passkontrolle (f)	pasų̃ kontrolė (m)	[paˈsu: konˈtrolʲe:]
Gepäck (n)	bagãžas (v)	[baˈgaːʒas]
Handgepäck (n)	rañkinis bagãžas (v)	['raŋkʲɪnʲɪs baˈgaːʒas]
Kofferkuli (m)	vežimė̃lis (v)	[vʲɛʒʲɪˈmʲe:lʲɪs]
Landung (f)	įlaipìnimas (v)	[i:ˈlʲʌɪˈpʲɪːnʲɪmas]
Landebahn (f)	nusileidìmo tãkas (v)	[nʊsʲɪˈlʲɛɪˈdʲɪmɔ taːkas]
landen (vi)	léistis	['lʲɛɪstʲɪs]
Fluggasttreppe (f)	laiptė̃liai (v dgs)	[lʌɪpˈtʲælʲɛɪ]
Check-in (n)	registrãcija (m)	[rʲɛgʲɪsˈtraːtsʲɪjɛ]
Check-in-Schalter (m)	registrãcijos stãlas (v)	[rʲɛgʲɪsˈtraːtsʲɪjɔs 'staːlas]
sich registrieren lassen	užsiregistrúoti	[ʊʒsʲɪrʲɛgʲɪsˈtrʊɑtʲɪ]
Bordkarte (f)	įlipìmo talònas (v)	[i:lʲɪˈpʲɪːmɔ taˈlonas]
Abfluggate (n)	išėjìmas (v)	[ɪʃeːˈjɪmas]
Transit (m)	tranzìtas (v)	[tranˈzʲɪtas]
warten (vi)	láukti	['lʲɑʊktʲɪ]
Wartesaal (m)	laukiamãsis (v)	[lʲɑʊkʲæˈmasʲɪs]

begleiten (vt)   lydéti   [lʲiː'dʲeːtʲɪ]
sich verabschieden   atsisveikinti   [atsʲɪ'svʲɛɪkʲɪntʲɪ]

24. Flugzeug

Flugzeug (n)	léktùvas (v)	[lʲeːk'tʊvas]
Flugticket (n)	léktùvo bilietas (v)	[lʲeːk'tʊvɔ 'bʲɪlʲiɛtas]
Fluggesellschaft (f)	aviakompánija (m)	[avʲækøm'paːnʲɪjɛ]
Flughafen (m)	óro úostas (v)	['ɔrɔ 'ʊɑstas]
Überschall-	viršgarsinis	[vʲɪrʃgar'sʲɪnʲɪs]

Flugkapitän (m)	órlaivio kapitónas (v)	['orlʲʌɪvʲɔ kapʲɪ'toːnas]
Besatzung (f)	ekipážas (v)	[ɛkʲɪ'paːʒas]
Pilot (m)	pilótas (v)	[pʲɪ'lʲotas]
Flugbegleiterin (f)	stiuardésé (m)	[stʲʊar'dʲɛsʲeː]
Steuermann (m)	šturmanas (v)	['ʃturmanas]

Flügel (pl)	sparnaĩ (v dgs)	[spar'nʌɪ]
Schwanz (m)	gãlas (v)	['ga:lʲas]
Kabine (f)	kabinà (m)	[kabʲɪ'na]
Motor (m)	variklis (v)	[va'rʲɪklʲɪs]
Fahrgestell (n)	važiuõklé (m)	[vaʒʲʊ'oːklʲeː]
Turbine (f)	turbinà (m)	[turbʲɪ'na]
Propeller (m)	propéleris (v)	[pro'pʲɛlʲɛrʲɪs]
Flugschreiber (m)	juodà déžế (m)	[jʊɑ'da dʲeːʒʲeː]
Steuerrad (n)	vairãratis (v)	[vʌɪ'raːratʲɪs]
Treibstoff (m)	degalaĩ (v dgs)	[dʲɛga'lʲʌɪ]

Sicherheitskarta (f)	instrùkcija (m)	[ɪns'truktsʲɪjɛ]
Sauerstoffmaske (f)	deguõnies káuké (f)	[dʲɛgʊɑ'nʲiɛs 'kɑʊkʲeː]
Uniform (f)	uniforma (m)	[ʊnʲɪ'forma]
Rettungsweste (f)	gélbéjimosi liemẽné (m)	['gʲælʲbʲeːjimosʲɪ lʲiɛ'mʲænʲeː]
Fallschirm (m)	parašiùtas (v)	[para'ʃʊtas]
Abflug, Start (m)	kilimas (v)	[kʲɪ'lʲɪmas]
starten (vi)	kilti	['kʲɪlʲtʲɪ]
Startbahn (f)	kilimo tãkas (v)	[kʲɪ'lʲɪmɔ 'taːkas]

Sicht (f)	matomùmas (v)	[mato'mʊmas]
Flug (m)	skrỹdis (v)	['skrʲiːdʲɪs]
Höhe (f)	aũkštis (v)	['ɑʊkʃtʲɪs]
Luftloch (n)	óro duobế (m)	['ɔrɔ dʊɑ'bʲeː]

Platz (m)	vietà (m)	[vʲiɛ'ta]
Kopfhörer (m)	ausinès (m dgs)	[ɑʊ'sʲɪnʲeːs]
Klapptisch (m)	atverčiamãsis staliùkas (v)	[atvʲɛrtʲʃæ'masʲɪs sta'lʲʊkas]
Bullauge (n)	iliuminãtorius (v)	[ɪlʲʊmʲɪ'naːtorʲʊs]
Durchgang (m)	praéjimas (v)	[prae:'jɪmas]

25. Zug

Zug (m)	traukinỹs (v)	[trɑʊkʲɪ'nʲiːs]
elektrischer Zug (m)	elektrinis traukinỹs (v)	[ɛlʲɛk'trʲɪnʲɪs trɑʊkʲɪ'nʲiːs]

33

Schnellzug (m)	greitasis traukinỹs (v)	[grʲɛɪ'tasʲɪs traʊkʲɪ'nʲiːs]
Diesellok (f)	motorvežis (v)	[mo'torvʲɛʒʲɪs]
Dampflok (f)	garvežỹs (v)	[garvʲɛ'ʒʲiːs]

| Personenwagen (m) | vagonas (v) | [va'gonas] |
| Speisewagen (m) | vagonas restoranas (v) | [va'gonas rʲɛsto'raːnas] |

Schienen (pl)	bėgiai (v dgs)	['bʲeːgʲɛɪ]
Eisenbahn (f)	geležinkelis (v)	[gʲɛlʲɛ'ʒʲɪŋkʲɛlʲɪs]
Bahnschwelle (f)	pābėgis (v)	['paːbʲeːgʲɪs]

Bahnsteig (m)	platforma (m)	[plʲat'forma]
Gleis (n)	kelias (v)	['kʲælʲæs]
Eisenbahnsignal (n)	semaforas (v)	[sʲɛma'foras]
Station (f)	stotis (m)	[sto'tʲɪs]
Lokomotivführer (m)	mašinistas (v)	[maʃʲɪ'nʲɪstas]
Träger (m)	nešikas (v)	[nʲɛ'ʃʲɪkas]
Schaffner (m)	konduktorius (v)	[kon'duktorʲʊs]
Fahrgast (m)	keleivis (v)	[kʲɛ'lʲɛɪvʲɪs]
Fahrkartenkontrolleur (m)	kontrolierius (v)	[kontro'lʲɛrʲʊs]

| Flur (m) | koridorius (v) | [ko'rʲɪdorʲʊs] |
| Notbremse (f) | stabdymo kranas (v) | ['staːbdʲiːmɔ 'kraːnas] |

Abteil (n)	kupė (m)	[kʊ'pʲeː]
Liegeplatz (m), Schlafkoje (f)	lentyna (m)	[lʲɛn'tʲiːna]
oberer Liegeplatz (m)	viršutinė lentyna (m)	[vʲɪrʃʊ'tʲɪnʲe· lʲɛn'tʲiːna]
unterer Liegeplatz (m)	apatinė lentyna (m)	[apa'tʲɪnʲe· lʲɛn'tʲiːna]
Bettwäsche (f)	patalynė (m)	['paːtalʲiːnʲe·]
Fahrkarte (f)	bilietas (v)	['bʲɪlʲietas]
Fahrplan (m)	tvarkaraštis (v)	[tvar'ka:raʃtʲɪs]
Anzeigetafel (f)	švieslentė (m)	['ʃvʲɛslʲɛntʲe·]

abfahren (der Zug)	išvỹkti	[ɪʃvʲiːktʲɪ]
Abfahrt (f)	išvykimas (v)	[ɪʃvʲiː'kʲɪmas]
ankommen (der Zug)	atvỹkti	[at'vʲiːktʲɪ]
Ankunft (f)	atvykimas (v)	[atvʲiː'kʲɪmas]

mit dem Zug kommen	atvažiuoti traukiniu	[atva'ʒʲʊatʲɪ 'traʊkʲɪnʲʊ]
in den Zug einsteigen	įlipti į traukinį	[iːlʲɪ·ptʲɪ i· 'traʊkʲɪnʲɪ·]
aus dem Zug aussteigen	išlipti iš traukinio	[ɪʃlʲɪptʲɪ ɪʃ 'traʊkʲɪnʲɔ]

| Zugunglück (n) | katastrofa (m) | [katastro'fa] |
| entgleisen (vi) | nulekti nuo bėgių | [nʊ'lʲeːktʲɪ 'nʊɑ 'bʲeːgʲuː] |

Dampflok (f)	garvežỹs (v)	[garvʲɛ'ʒʲiːs]
Heizer (m)	kūrikas (v)	[kuː'rʲɪkas]
Feuerbüchse (f)	kūryklà (m)	[kuːrʲiːk'lʲa]
Kohle (f)	anglìs (m)	[ang'lʲɪs]

26. Schiff

| Schiff (n) | laivas (v) | ['lʲʌɪvas] |
| Fahrzeug (n) | laivas (v) | ['lʲʌɪvas] |

Dampfer (m)	gárlaivis (v)	['garlʲʌɪvʲɪs]
Motorschiff (n)	motòrlaivis (v)	[moˈtorlʲʌɪvʲɪs]
Kreuzfahrtschiff (n)	láineris (v)	[ˈlʲʌɪnʲɛrʲɪs]
Kreuzer (m)	krèiseris (v)	[ˈkrʲɛɪsʲɛrʲɪs]

Jacht (f)	jachtà (m)	[jaxˈta]
Schlepper (m)	vilkìkas (v)	[vʲɪlʲˈkʲɪkas]
Lastkahn (m)	bárža (m)	[ˈbarʒa]
Fähre (f)	kéltas (v)	[ˈkʲɛlʲtas]

| Segelschiff (n) | bùrinis laĩvas (v) | [ˈburʲɪnʲɪs 'lʲʌɪvas] |
| Brigantine (f) | brigantinà (m) | [brʲɪgantʲɪˈna] |

| Eisbrecher (m) | lēdlaužis (v) | [ˈlʲædlɑuʒʲɪs] |
| U-Boot (n) | povandenìnis laĩvas (v) | [povandʲɛˈnʲɪnʲɪs 'lʲʌɪvas] |

Boot (n)	váltis (m)	[ˈvalʲtʲɪs]
Dingi (n), Beiboot (n)	váltis (m)	[ˈvalʲtʲɪs]
Rettungsboot (n)	gélbėjimo váltis (m)	[ˈgʲælʲbʲeːjɪmɔ 'valʲtʲɪs]
Motorboot (n)	kāteris (v)	[ˈkaːtʲɛrʲɪs]

Kapitän (m)	kapitõnas (v)	[kapʲɪˈtoːnas]
Matrose (m)	jūrèivis (v)	[juːˈrʲɛɪvʲɪs]
Seemann (m)	jū́rininkas (v)	[ˈjuːrʲɪnʲɪŋkas]
Besatzung (f)	ekipāžas (v)	[ɛkʲɪˈpaːʒas]

Bootsmann (m)	bòcmanas (v)	[ˈbotsmanas]
Schiffsjunge (m)	jùnga (m)	[ˈjunga]
Schiffskoch (m)	viréjas (v)	[vʲɪˈrʲeːjas]
Schiffsarzt (m)	laĩvo gýdytojas (v)	[ˈlʲʌɪvɔ 'gʲiːdʲiːtoːjɛs]

Deck (n)	dēnis (v)	[ˈdʲænʲɪs]
Mast (m)	stíebas (v)	[ˈstʲiɛbas]
Segel (n)	bùrė (m)	[ˈburʲeː]

Schiffsraum (m)	triùmas (v)	[ˈtrʲumas]
Bug (m)	laĩvo príekis (v)	[ˈlʲʌɪvɔ 'prʲiɛkʲɪs]
Heck (n)	laivãgalis (v)	[lʌɪˈva:galʲɪs]
Ruder (n)	ìrklas (v)	[ˈɪrklʲas]
Schraube (f)	sráigtas (v)	[ˈsrʌɪktas]

Kajüte (f)	kajùtė (m)	[kaˈjutʲeː]
Messe (f)	kajutkompãnija (m)	[kajutkomˈpaːnʲɪjɛ]
Maschinenraum (m)	mašìnų skỹrius (v)	[maˈʃɪnu: 'skʲiː:rʲus]
Kommandobrücke (f)	kapitõno tiltẽlis (v)	[kapʲɪˈtoːnɔ tʲɪlʲʲˈtʲælʲɪs]
Funkraum (m)	rãdijo kabinà (m)	[ˈraːdʲɪjɔ kabʲɪˈna]
Radiowelle (f)	bangà (m)	[banˈga]
Schiffstagebuch (n)	laĩvo žurnãlas (v)	[ˈlʲʌɪvɔ ʒurˈnaːlʲas]

Fernrohr (n)	žiūrõnas (v)	[ʒʲuːˈroːnas]
Glocke (f)	laĩvo skam̃balas (v)	[ˈlʲʌɪvɔ 'skambalʲas]
Fahne (f)	vėliava (m)	[ˈvʲeːlʲæva]

Seil (n)	lýnas (v)	[ˈlʲiːnas]
Knoten (m)	mãzgas (v)	[ˈma:zgas]
Geländer (n)	turèklai (v dgs)	[tuˈrʲeːklʲʌɪ]

Treppe (f)	trãpas (v)	['tra:pas]
Anker (m)	iñkaras (v)	['ɪŋkaras]
den Anker lichten	pakélti iñkarą	[paˈkʲɛlʲtʲɪ 'ɪŋkara:]
Anker werfen	nuléisti iñkarą	[nuˈlʲɛɪstʲɪ 'ɪŋkara:]
Ankerkette (f)	iñkaro grandĩnė (m)	['ɪŋkarɔ granˈdʲɪnʲeː]
Hafen (m)	úostas (v)	['vɑstas]
Anlegestelle (f)	príeplauka (m)	['prʲiɛplʲɑʊka]
anlegen (vi)	prisišvartúoti	[prʲɪsʲɪʃvarˈtʊɑtʲɪ]
abstoßen (vt)	išplaũkti	[ɪʃˈplʲɑʊktʲɪ]
Reise (f)	kelĩnė (m)	[kʲɛˈlʲoːnʲeː]
Kreuzfahrt (f)	kruĩzas (v)	[kruˈɪzas]
Kurs (m), Richtung (f)	kùrsas (v)	['kursas]
Reiseroute (f)	maršrùtas (v)	[marʃˈrutas]
Fahrwasser (n)	farvãteris (v)	[farˈvaːtʲɛrʲɪs]
Untiefe (f)	sekluma̧ (m)	[sʲɛklʲʊ'ma]
stranden (vi)	užplaũkti añt seklumõs	[uʒˈplʲɑʊktʲɪ ant sʲɛklʲʊ'moːs]
Sturm (m)	audrã (m)	[ɑʊd'ra]
Signal (n)	signãlas (v)	[sʲɪg'na:lʲas]
untergehen (vi)	skȩsti	['skʲɛːstʲɪ]
Mann über Bord!	Žmogùs vandenyjè!	[ʒmoˈgus vandʲɛnʲiːˈjæ!]
SOS	SOS	[ɛs ɔ ɛs]
Rettungsring (m)	gélbėjimosi rãtas (v)	[gʲɛlʲbʲeːjimosʲɪ 'ra:tas]

STADT

27. Innerstädtischer Transport

Bus (m)	autobùsas (v)	[auto'busas]
Straßenbahn (f)	tramvãjus (v)	[tram'va:jʊs]
Obus (m)	troleibùsas (v)	[trolʲɛr'busas]
Linie (f)	maršrùtas (v)	[marʃ'rʊtas]
Nummer (f)	nùmeris (v)	['nʊmʲɛrʲɪs]

mit ... fahren	važiùoti ...	[va'ʒʲʊatʲɪ ...]
einsteigen (vi)	įlìpti į̃ ...	[i:'lʲɪ:ptʲɪ i: ...]
aussteigen (aus dem Bus)	išlìpti ìš ...	[ɪʃ'lʲɪptʲɪ ɪʃ ...]

Haltestelle (f)	stotẽlė (m)	[sto'tʲælʲe:]
nächste Haltestelle (f)	kità stotẽlė (m)	[kʲɪ'ta sto'tʲælʲe:]
Endhaltestelle (f)	galutìnė stotẽlė (m)	[galʊ'tʲɪnʲe: sto'tʲælʲe:]
Fahrplan (m)	tvarkãraštis (v)	[tvar'ka:raʃtʲɪs]
warten (vi, vt)	láukti	['lʲaʊktʲɪ]

Fahrkarte (f)	bìlietas (v)	['bʲɪlʲietas]
Fahrpreis (m)	bìlieto káina (m)	['bʲɪlʲieto 'kʌɪna]

Kassierer (m)	kãsininkas (v)	['ka:sʲɪnʲɪŋkas]
Fahrkartenkontrollo (f)	kontrolė̃ (m)	[kɔn'trolʲe:]
Fahrkartenkontrolleur (m)	kontroliẽrius (v)	[kɔntro'lʲɛrʲʊs]

sich verspäten	vėlúoti	[vʲe:'lʲʊatʲɪ]
versäumen (Zug usw.)	pavėlúoti	[pavʲe:'lʲʊatʲɪ]
sich beeilen	skubéti	[skʊ'bʲe:tʲɪ]

Taxi (n)	taksì (v)	[tak'sʲɪ]
Taxifahrer (m)	taksìstas (v)	[tak'sʲɪstas]
mit dem Taxi	sù taksì	['sʊ tak'sʲɪ]
Taxistand (m)	taksì stovėjimo aikštẽlė (m)	[tak'sʲɪ sto'vʲɛjɪmɔ ʌɪkʃʲt'ælʲe:]
ein Taxi rufen	iškviẽsti taksì	[ɪʃk'vʲɛstʲɪ tak'sʲɪ]
ein Taxi nehmen	įsėstì į̃ taksì	[i:sʲes'tʲɪ: i: tak'sʲɪ:]

Straßenverkehr (m)	gãtvės judėjimas (v)	['ga:tvʲe:s jʊ'dʲɛjɪmas]
Stau (m)	kamštis (v)	['kamʃtʲɪs]
Hauptverkehrszeit (f)	pìko vãlandos (m dgs)	['pʲɪkɔ 'va:lʲandos]
parken (vi)	parkúotis	[par'kʊatʲɪs]
parken (vt)	parkúoti	[par'kʊatʲɪ]
Parkplatz (m)	stovėjimo aikštẽlė (m)	[sto'vʲɛjɪmɔ ʌɪkʃʲt'ælʲe:]

U-Bahn (f)	metrò	[mʲɛ'tro]
Station (f)	stotìs (m)	[sto'tʲɪs]
mit der U-Bahn fahren	važiùoti metrò	[va'ʒʲʊatʲɪ mʲɛ'tro]
Zug (m)	traukinỹs (v)	[traʊkʲɪ'nʲi:s]
Bahnhof (m)	stotìs (m)	[sto'tʲɪs]

28. Stadt. Leben in der Stadt

Stadt (f)	miestas (v)	['mʲɛstas]
Hauptstadt (f)	sostinė (m)	['sostʲɪnʲeː]
Dorf (n)	kaimas (v)	['kʌɪmas]
Stadtplan (m)	miesto planas (v)	['mʲɛstɔ 'plʲaːnas]
Stadtzentrum (n)	miesto centras (v)	['mʲɛstɔ 'tsʲɛntras]
Vorort (m)	priemiestis (v)	['prʲɛmʲɛstʲɪs]
Vorort-	priemiesčio	['prʲɛmʲɛstsʲɔ]
Stadtrand (m)	pakraštys (v)	[pakraʃtʲiːs]
Umgebung (f)	apylinkės (m dgs)	[a'pʲiːlʲɪŋkʲeːs]
Stadtviertel (n)	kvartalas (v)	[kvar'taːlʲas]
Wohnblock (m)	gyvenamas kvartalas (v)	[gʲiːˈvʲænamas kvarˈtaːlʲas]
Straßenverkehr (m)	judėjimas (v)	[juˈdʲɛjɪmas]
Ampel (f)	šviesoforas (v)	[ʃvʲɛso'foras]
Stadtverkehr (m)	miesto transportas (v)	['mʲɛstɔ trans'portas]
Straßenkreuzung (f)	sankryža (m)	['saŋkrʲiːʒa]
Übergang (m)	perėja (m)	['pʲɛrʲeːja]
Fußgängerunterführung (f)	požeminė perėja (m)	[poʒe'mʲɪnʲeː 'pʲærʲeːja]
überqueren (vt)	pereiti	['pʲɛrʲɛɪtʲɪ]
Fußgänger (m)	pėstysis (v)	['pʲeːstʲiːsʲɪs]
Gehweg (m)	šaligatvis (v)	[ʃaˈlʲɪgatvʲɪs]
Brücke (f)	tiltas (v)	['tʲɪlʲtas]
Kai (m)	krantinė (m)	[kranˈtʲɪnʲeː]
Allee (f)	alėja (m)	[aˈlʲeːja]
Park (m)	parkas (v)	['parkas]
Boulevard (m)	bulvaras (v)	[bʊlʲˈvaːras]
Platz (m)	aikštė (m)	[ʌɪkʃtʲeː]
Avenue (f)	prospektas (v)	[pros'pʲɛktas]
Straße (f)	gatvė (m)	['gaːtvʲeː]
Gasse (f)	skersgatvis (v)	['skʲɛrsgatvʲɪs]
Sackgasse (f)	tupikas (v)	[tʊ'pʲɪkas]
Haus (n)	namas (v)	['naːmas]
Gebäude (n)	pastatas (v)	['paːstatas]
Wolkenkratzer (m)	dangoraižis (v)	[dan'gorʌɪʒʲɪs]
Fassade (f)	fasadas (v)	[fa'saːdas]
Dach (n)	stogas (v)	['stogas]
Fenster (n)	langas (v)	['lʲangas]
Bogen (m)	arka (m)	['arka]
Säule (f)	kolona (m)	[kɔlʲɔ'na]
Ecke (f)	kampas (v)	['kampas]
Schaufenster (n)	vitrina (m)	[vʲɪtrʲɪ'na]
Firmenschild (n)	iškaba (m)	['ɪʃkaba]
Anschlag (m)	afiša (m)	[afʲɪ'ʃa]
Werbeposter (m)	reklaminis plakatas (v)	[rʲɛkˈlʲaːmʲɪnʲɪs plʲaˈkaːtas]
Werbeschild (n)	reklaminis skydas (v)	[rʲɛkˈlʲaːmʲɪnʲɪs 'skʲiːdas]

38

Müll (m)	šiukšlės (m dgs)	[ˈʃʊkʃlʲeːs]
Mülleimer (m)	urna (m)	[ˈʊrna]
Abfall wegwerfen	šiukšlinti	[ˈʃʊkʃlʲɪntʲɪ]
Mülldeponie (f)	sąvartynas (v)	[saːvarˈtʲiːnas]

Telefonzelle (f)	telefono budelė (m)	[tʲɛlʲɛˈfɔnɔ ˈbʊdelʲe:]
Straßenlaterne (f)	žibinto stulpas (v)	[ʒʲɪˈbʲɪntɔ ˈstʊlʲpas]
Bank (Park-)	suolas (v)	[ˈsʊɑlʲas]

Polizist (m)	policininkas (v)	[poˈlʲɪtsʲɪnʲɪŋkas]
Polizei (f)	policija (m)	[poˈlʲɪtsʲɪjɛ]
Bettler (m)	skurdžius (v)	[ˈskʊrdʒʲʊs]
Obdachlose (m)	benamis (v)	[bʲɛˈnaːmʲɪs]

29. Innerstädtische Einrichtungen

Laden (m)	parduotuvė (m)	[pardʊɑˈtʊvʲeː]
Apotheke (f)	vaistinė (m)	[ˈvʌɪstʲɪnʲeː]
Optik (f)	optika (m)	[ˈoptʲɪka]
Einkaufszentrum (n)	prekybos centras (v)	[prʲɛˈkʲiːbos ˈtsʲɛntras]
Supermarkt (m)	supermarketas (v)	[sʊpʲɛrˈmarkʲɛtas]

Bäckerei (f)	bandelių krautuvė (m)	[banˈdʲælʲu: ˈkrɑʊtʊvʲeː]
Bäcker (m)	kepėjas (v)	[kʲɛˈpʲeːjas]
Konditorei (f)	konditerija (m)	[kɔndʲɪˈtʲɛrʲɪjɛ]
Lebensmittelladen (m)	bakalėja (m)	[bakaˈlʲeːja]
Metzgerei (f)	mėsos krautuvė (m)	[mʲeːˈsoːs ˈkrɑʊtʊvʲeː]

| Gemüseladen (m) | daržovių krautuvė (m) | [darˈʒovʲu: ˈkrɑʊtʊvʲeː] |
| Markt (m) | prekyvietė (m) | [prʲɛˈkʲiːvʲɛtʲeː] |

Kaffeehaus (n)	kavinė (m)	[kaˈvʲɪnʲeː]
Restaurant (n)	restoranas (v)	[rʲɛstoˈraːnas]
Bierstube (f)	aludė (m)	[aˈlʲʊdʲeː]
Pizzeria (f)	picerija (m)	[pʲɪˈtsʲɛrʲɪjɛ]

Friseursalon (m)	kirpykla (m)	[kʲɪrpʲiːˈkʲlʲa]
Post (f)	paštas (v)	[ˈpaːʃtas]
chemische Reinigung (f)	valykla (v)	[valʲiːˈkʲla]
Fotostudio (n)	fotoateljė (v)	[fotoateˈlʲje:]

Schuhgeschäft (n)	avalynės parduotuvė (m)	[ˈaːvalʲiːnʲeːs pardʊɑˈtʊvʲeː]
Buchhandlung (f)	knygynas (v)	[knʲiːˈgʲiːnas]
Sportgeschäft (n)	sportinių prekių parduotuvė (m)	[ˈsportʲɪnʲu: ˈprʲækʲu: pardʊɑˈtʊvʲeː]

Kleiderreparatur (f)	drabužių taisykla (m)	[draˈbʊʒʲu: tʌɪsʲiːˈkʲlʲa]
Bekleidungsverleih (m)	drabužių nuoma (m)	[draˈbʊʒʲu: ˈnʊɑma]
Videothek (f)	filmų nuoma (m)	[ˈfɪlʲmu: ˈnʊɑma]

Zirkus (m)	cirkas (v)	[ˈtsʲɪrkas]
Zoo (m)	zoologijos sodas (v)	[zooˈlʲogʲɪjos ˈso:das]
Kino (n)	kino teatras (v)	[ˈkʲɪno tʲɛˈaːtras]
Museum (n)	muziejus (v)	[mʊˈzʲɛjʊs]

Bibliothek (f)	biblioteka (m)	[bʲɪblʲɪjɔtʲɛˈka]
Theater (n)	teatras (v)	[tʲɛˈaːtras]
Opernhaus (n)	opera (m)	[ˈopʲɛra]
Nachtklub (m)	naktinis klubas (v)	[nakˈtʲɪnʲɪs ˈklʲʊbas]
Kasino (n)	kazino (v)	[kazʲɪˈno]

Moschee (f)	mečetė (m)	[mʲɛˈtʂʲɛtʲeː]
Synagoge (f)	sinagoga (m)	[sʲɪnagoˈga]
Kathedrale (f)	katedra (m)	[ˈkaːtʲɛdra]
Tempel (m)	šventykla (m)	[ʃvʲɛntʲiːkˈlʲa]
Kirche (f)	bažnyčia (m)	[baʒˈnʲiːtʂʲæ]

Institut (n)	institutas (v)	[ɪnstʲɪˈtutas]
Universität (f)	universitetas (v)	[ʊnʲɪvʲɛrsʲɪˈtʲɛtas]
Schule (f)	mokykla (m)	[mokʲiːkˈlʲa]

Präfektur (f)	prefektūra (m)	[prʲɛfʲɛkˈtuːˈra]
Rathaus (n)	savivaldybė (m)	[savʲɪvalʲdʲiːbʲeː]
Hotel (n)	viešbutis (v)	[ˈvʲɛʃbutʲɪs]
Bank (f)	bankas (v)	[ˈbaŋkas]

Botschaft (f)	ambasada (m)	[ambasaˈda]
Reisebüro (n)	turizmo agentūra (m)	[tuˈrʲɪzmɔ agʲɛntuːˈra]
Informationsbüro (n)	informacijos biuras (v)	[ɪnforˈmaːtsʲɪjɔs ˈbʲʊras]
Wechselstube (f)	keitykla (m)	[kʲɛɪtʲiːkˈlʲa]

| U-Bahn (f) | metro | [mʲɛˈtro] |
| Krankenhaus (n) | ligoninė (m) | [lʲɪˈɡonʲɪnʲeː] |

| Tankstelle (f) | degalinė (m) | [dʲɛgaˈlʲɪnʲeː] |
| Parkplatz (m) | stovėjimo aikštelė (m) | [stoˈvʲɛjɪmɔ ʌɪkʃˈtʲælʲeː] |

30. Schilder

Firmenschild (n)	iškaba (m)	[ˈɪʃkaba]
Aufschrift (f)	užrašas (v)	[ˈʊʒraʃas]
Plakat (n)	plakatas (v)	[plʲaˈkaːtas]
Wegweiser (m)	nuoroda (m)	[ˈnʊɑroda]
Pfeil (m)	rodyklė (m)	[roˈdʲiːklʲeː]

Vorsicht (f)	perspėjimas (v)	[ˈpʲɛrspʲeːjimas]
Warnung (f)	įspėjimas (v)	[iːspʲeːˈjɪmas]
warnen (vt)	įspėti	[iːsˈpʲeːtʲɪ]

freier Tag (m)	išeiginė diena (m)	[ɪʃɛɪˈɡʲɪnʲeː dʲiɛˈna]
Fahrplan (m)	tvarkaraštis (v)	[tvarˈkaːraʃtʲɪs]
Öffnungszeiten (pl)	darbo valandos (m dgs)	[ˈdarbɔ valʲanˈdoːs]

HERZLICH WILLKOMMEN!	SVEIKI ATVYKĘ!	[svʲɛɪˈkʲɪ atʲvʲɪːkʲɛːǃ]
EINGANG	ĮĖJIMAS	[iːʲeːˈjɪmas]
AUSGANG	IŠĖJIMAS	[ɪʃʲeːˈjɪmas]

| DRÜCKEN | STUMTI | [ˈstʊmtʲɪ] |
| ZIEHEN | TRAUKTI | [ˈtrɑʊktʲɪ] |

GEÖFFNET	ATIDARÝTA	[atˈɪdaˈrʲiːta]
GESCHLOSSEN	UŽDARÝTA	[ʊʒdaˈrʲiːta]
DAMEN, FRAUEN	MÓTERIMS	[ˈmotʲɛrʲɪms]
HERREN, MÄNNER	VÝRAMS	[ˈvʲiːrams]
AUSVERKAUF	NÚOLAIDOS	[ˈnʊalʲʌɪdos]
REDUZIERT	IŠPARDAVÌMAS	[ɪʃpardaˈvʲɪmas]
NEU!	NAUJÍENA!	[naʊˈjiɛna!]
GRATIS	NEMÓKAMAI	[nʲɛˈmokamʌɪ]
ACHTUNG!	DĖMESIO!	[ˈdʲeːmesʲɔ!]
ZIMMER BELEGT	VIĖTŲ NĖRA	[ˈvʲɛtu: ˈnʲeːra]
RESERVIERT	REZERVÚOTA	[rʲɛzʲɛrˈvʊata]
VERWALTUNG	ADMINISTRÃCIJA	[admʲɪnʲɪsˈtratsʲɪja]
NUR FÜR PERSONAL	TÌK PERSONÃLUI	[ˈtʲɪk pʲɛrsoˈnalʲʊi]
VORSICHT BISSIGER HUND	PIKTAS ŠUO	[ˈpʲɪktas ˈʃʊa]
RAUCHEN VERBOTEN!	RŪKÝTI DRAŨDŽIAMA	[ruːˈkʲiːtʲɪ ˈdraʊdʒʲæma]
BITTE NICHT BERÜHREN	NELIĖSTI!	[nʲɛˈlʲɛstʲɪ!]
GEFÄHRLICH	PAVOJÌNGA	[pavoˈjɪnga]
VORSICHT!	PAVÕJUS	[paˈvo:jʊs]
HOCHSPANNUNG	AUKŠTÃ ĮTAMPA	[aʊkʃˈta ˈiːtampa]
BADEN VERBOTEN	MÁUDYTIS DRAŨDŽIAMA	[ˈmaʊdʲiːtʲɪs ˈdraʊdʒʲæma]
AUßER BETRIEB	NEVEĨKIA	[nʲɛˈvʲɛɪkʲɛ]
LEICHTENTZÜNDLICH	DEGÙ	[dʲɛˈgʊ]
VERBOTEN	DRAŨDŽIAMA	[ˈdraʊdʒʲæma]
DURCHGANG VERBOTEN	PRAĖJÌMAS	[praeːˈjɪmas
	DRAŨDŽIAMAS	ˈdraʊdʒʲæmas]
FRISCH GESTRICHEN	NUDAŽYTA	[nʊdaˈʒʲiːta]

31. Shopping

kaufen (vt)	pìrkti	[ˈpʲɪrktʲɪ]
Einkauf (m)	pirkinỹs (v)	[pʲɪrkʲɪˈnʲiːs]
einkaufen gehen	apsipìrkti	[apsʲɪˈpʲɪrktʲɪ]
Einkaufen (n)	apsipirkìmas (v)	[apsʲɪpʲɪrˈkʲɪmas]
offen sein (Laden)	veĩkti	[ˈvʲɛɪktʲɪ]
zu sein	užsidarýti	[ʊʒsʲɪdaˈrʲiːtʲɪ]
Schuhe (pl)	ãvalynė (m)	[ˈaːvalʲiːnʲeː]
Kleidung (f)	drabùžiai (v)	[draˈbʊʒʲɛɪ]
Kosmetik (f)	kosmètika (m)	[kɔsˈmʲɛtʲɪka]
Lebensmittel (pl)	prodùktai (v)	[proˈdʊktʌɪ]
Geschenk (n)	dovanà (m)	[dovaˈna]
Verkäufer (m)	pardavėjas (v)	[pardaˈvʲeːjas]
Verkäuferin (f)	pardavėja (m)	[pardaˈvʲeːja]
Kasse (f)	kasà (m)	[kaˈsa]

Spiegel (m)	veidrodis (v)	['vʲɛɪdrodʲɪs]
Ladentisch (m)	prekystalis (v)	[prʲɛ'kʲiːstalʲɪs]
Umkleidekabine (f)	matavimosi kabina (m)	[ma'ta:vʲɪmosʲɪ kabʲɪ'na]

anprobieren (vt)	matuoti	[ma'tuatʲɪ]
passen (Schuhe, Kleid)	tikti	['tʲɪktʲɪ]
gefallen (vi)	patikti	[pa'tʲɪktʲɪ]

Preis (m)	kaina (m)	['kʌɪna]
Preisschild (n)	kainynas (v)	[kʌɪ'nʲiːnas]
kosten (vt)	kainuoti	[kʌɪ'nuatʲɪ]
Wie viel?	Kiek?	['kʲiɛk?]
Rabatt (m)	nuolaida (m)	['nualʲʌɪda]

preiswert	nebrangus	[nʲɛbran'gʊs]
billig	pigus	[pʲɪ'gʊs]
teuer	brangus	[bran'gʊs]
Das ist teuer	Tai brangu.	['tʌɪ bran'gʊ]

Verleih (m)	nuoma (m)	['nuama]
leihen, mieten (ein Auto usw.)	issinuomoti	[ɪʃʲɪ'nuamotʲɪ]
Kredit (m), Darlehen (n)	kreditas (v)	[krʲɛ'dʲɪtas]
auf Kredit	kreditu	[krʲɛdʲɪ'tʊ]

KLEIDUNG & ACCESSOIRES

32. Oberbekleidung. Mäntel

Kleidung (f)	apranga (m)	[apran'ga]
Oberkleidung (f)	viršutiniai drabužiai (v dgs)	[vʲɪrʃʊ'tʲɪnʲɛɪ dra'buʒʲɛɪ]
Winterkleidung (f)	žieminiai drabužiai (v)	[ʒʲiɛ'mʲɪnʲɛɪ dra'buʒʲɛɪ]

Mantel (m)	paltas (v)	['palʲtas]
Pelzmantel (m)	kailiniai (v dgs)	[kʌɪlʲɪ'nʲɛɪ]
Pelzjacke (f)	puskailiniai (v)	['puskʌɪlʲɪnʲɛɪ]
Daunenjacke (f)	pūkinė (m)	[puː'kʲɪnʲe:]

Jacke (z.B. Lederjacke)	striukė (m)	['strʲukʲe:]
Regenmantel (m)	apsiaūstas (v)	[ap'sʲɛʊstas]
wasserdicht	nepėršlampamas	[nʲɛ'pʲɛrʃlʲampamas]

33. Herren- & Damenbekleidung

Hemd (n)	marškiniai (v dgs)	[marʃkʲɪ'rʲnʲɛɪ]
Hose (f)	kelnės (m dgs)	['kʲɛlʲnʲe:s]
Jeans (pl)	džinsai (v dgs)	['dʒʲɪnsʌɪ]
Jackett (n)	švarkas (v)	['ʃvarkas]
Anzug (m)	kostiumas (v)	[kɔs'tʲumas]

Damenkleid (n)	suknėlė (m)	[suk'nʲælʲe:]
Rock (m)	sijonas (v)	[sʲɪ'jɔ:nas]
Bluse (f)	palaidinė (m)	[palʲʌɪ'dʲɪnʲe:]
Strickjacke (f)	susegamas megztinis (v)	['susʲɛgamas mʲɛgz'tʲɪnʲɪs]
Jacke (Damen Kostüm)	žaketas, švarkelis (v)	[ʒa'kʲɛtas], [ʃvar'kʲælʲɪs]

T-Shirt (n)	futbolininko marškiniai (v)	['futbolʲɪnʲɪŋkɔ marʃkʲɪ'rʲnʲɛɪ]
Shorts (pl)	šortai (v dgs)	['ʃortʌɪ]
Sportanzug (m)	sportinis kostiumas (v)	['sportʲɪnʲɪs kɔs'tʲumas]
Bademantel (m)	chalatas (v)	[xa'lʲaːtas]
Schlafanzug (m)	pižama (m)	[pʲɪʒa'ma]

Sweater (m)	nertinis (v)	[nʲɛr'tʲɪnʲɪs]
Pullover (m)	megztinis (v)	[mʲɛgz'tʲɪnʲɪs]

Weste (f)	liemenė (m)	[lʲiɛ'mʲænʲe:]
Frack (m)	frakas (v)	['fraːkas]
Smoking (m)	smokingas (v)	['smokʲɪngas]

Uniform (f)	uniforma (m)	[unʲɪ'forma]
Arbeitskleidung (f)	darbo drabužiai (v)	['darbo dra'buʒʲɛɪ]
Overall (m)	kombinezonas (v)	[kɔmbʲɪnʲɛ'zonas]
Kittel (z.B. Arztkittel)	chalatas (v)	[xa'lʲaːtas]

34. Kleidung. Unterwäsche

Unterwäsche (f)	baltiniaĩ (v dgs)	[balʲtʲɪ'nʲɛɪ]
Unterhemd (n)	apatìniai marškinėliai (v dgs)	[apa'tʲɪnʲɛɪ marʃkʲɪ'nʲe:lʲɛɪ]
Socken (pl)	kójinės (m dgs)	['ko:jɪnʲe:s]
Nachthemd (n)	naktìniai marškiniaĩ (v dgs)	[nak'tʲɪnʲɛɪ marʃkʲɪ'nʲɛɪ]
Büstenhalter (m)	liemenėlė (m)	[lʲiɛme'nʲe:lʲe:]
Kniestrümpfe (pl)	gõlfai (v)	['golʲfʌɪ]
Strumpfhose (f)	pédkelnės (m dgs)	['pʲe:dkʲɛlʲnʲe:s]
Strümpfe (pl)	kójinės (m dgs)	['ko:jɪnʲe:s]
Badeanzug (m)	máudymosi kostiumėlis (v)	['mɑʊdʲi:mosʲɪ kostʲʊ'mʲe:lʲɪs]

35. Kopfbekleidung

Mütze (f)	kepùrė (m)	[kʲɛ'pʊrʲe:]
Filzhut (m)	skrybėlė (m)	[skrʲi:bʲe:'lʲe:]
Baseballkappe (f)	beĩsbolo lazdà (m)	['bʲɛɪsbolʲɔ lʲaz'da]
Schiebermütze (f)	kepùrė (m)	[kʲɛ'pʊrʲe:]
Baskenmütze (f)	berètė (m)	[bʲɛ'rʲɛtʲe:]
Kapuze (f)	gobtùvas (v)	[gop'tʊvas]
Panamahut (m)	panamà (m)	[pana'ma]
Strickmütze (f)	megztà kepuráitė (m)	[mʲɛgz'ta kepʊ'rʌɪtʲe:]
Kopftuch (n)	skarà (m), skarẽlė (m)	[ska'ra], [ska'rʲælʲe:]
Damenhut (m)	skrybėláitė (m)	[skrʲi:bʲe:'lʲʌɪtʲe:]
Schutzhelm (m)	šálmas (v)	['ʃalʲmas]
Feldmütze (f)	pilòtė (m)	[pʲɪ'lʲotʲe:]
Helm (z.B. Motorradhelm)	šálmas (v)	['ʃalʲmas]
Melone (f)	katiliùkas (v)	[katʲɪ'lʲʊkas]
Zylinder (m)	cilìndras (v)	[tsʲɪ'lʲɪndras]

36. Schuhwerk

Schuhe (pl)	ãvalynė (m)	['a:valʲi:nʲe:]
Stiefeletten (pl)	bãtai (v)	['ba:tʌɪ]
Halbschuhe (pl)	batẽliai (v)	[ba'tʲælʲɛɪ]
Stiefel (pl)	aulìniai bãtai (v)	[ɑʊ'lʲɪnʲɛɪ 'ba:tʌɪ]
Hausschuhe (pl)	šlepẽtės (m dgs)	[ʃlʲɛ'pʲætʲe:s]
Tennisschuhe (pl)	spòrtbačiai (v dgs)	['sportbatʃʲɛɪ]
Leinenschuhe (pl)	spòrtbačiai (v dgs)	['sportbatʃʲɛɪ]
Sandalen (pl)	sandãlai (v dgs)	[san'da:lʌɪ]
Schuster (m)	batsiuvỹs (v)	[batsʲʊ'vʲi:s]
Absatz (m)	kùlnas (v)	['kʊlʲnas]
Paar (n)	porà (m)	[po'ra]
Schnürsenkel (m)	bãtraištis (v)	['ba:trʌɪʃtʲɪs]

schnüren (vt)	várstyti	['varstʲiːtʲɪ]
Schuhlöffel (m)	šáukštas (v)	['ʃɑʊkʃtas]
Schuhcreme (f)	ãvalynės krėmas (v)	['aːvalʲiːnʲeːs 'krʲɛmas]

37. Persönliche Accessoires

Handschuhe (pl)	pȋrštinės (m dgs)	['pʲɪrʃtʲɪnʲeːs]
Fausthandschuhe (pl)	kùmštinės (m dgs)	['kʊmʃtʲɪnʲeːs]
Schal (Kaschmir-)	šãlikas (v)	['ʃaːlʲɪkas]

Brille (f)	akiniaĩ (dgs)	[akʲɪ'nʲɛɪ]
Brillengestell (n)	rėmẽliai (v dgs)	[rʲe:'mʲælʲɛɪ]
Regenschirm (m)	skėtis (v)	['skʲeːtʲɪs]
Spazierstock (m)	lazdẽlė (m)	[laz'dʲælʲeː]
Haarbürste (f)	plaukų̃ šepetỹs (v)	[plʲɑʊ'ku: ʃɛpʲɛ'tʲɪːs]
Fächer (m)	vėduõklė (m)	[vʲeː'dʊɑklʲeː]

Krawatte (f)	kaklãraištis (v)	[kak'lʲaːrʌɪʃtʲɪs]
Fliege (f)	petelìškė (m)	[pʲɛtʲɛ'lʲɪʃkʲeː]
Hosenträger (pl)	pẽtnešos (m dgs)	['pʲætnʲɛʃos]
Taschentuch (n)	nósinė (m)	['nosʲɪnʲeː]

Kamm (m)	šùkos (m dgs)	['ʃʊkos]
Haarspange (f)	segtùkas (v)	[sʲɛk'tʊkas]
Haarnadel (f)	plaukų̃ segtùkas (v)	[plʲɑʊ'ku: sʲɛk'tʊkas]
Schnalle (f)	sagtìs (m)	[sak'tʲɪs]

Gürtel (m)	dìržas (v)	['dʲɪrʒas]
Umhängegurt (m)	dìržas (v)	['dʲɪrʒas]

Tasche (f)	rankinùkas (v)	[raŋkʲɪ'nʊkas]
Handtasche (f)	rankinùkas (v)	[raŋkʲɪ'nʊkas]
Rucksack (m)	kuprìnė (m)	[kʊ'prʲɪnʲeː]

38. Kleidung. Verschiedenes

Mode (f)	madà (m)	[ma'da]
modisch	madìngas	[ma'dʲɪngas]
Modedesigner (m)	modeliúotojas (v)	[modʲɛ'lʲʊatoːjɛs]

Kragen (m)	apýkaklė (m)	[a'pʲiːkaklʲeː]
Tasche (f)	kišẽnė (m)	[kʲɪ'ʃænʲeː]
Taschen-	kišeninis	[kʲɪʃɛ'nʲɪnʲɪs]
Ärmel (m)	rankóvė (m)	[raŋ'kovʲeː]
Aufhänger (m)	pakabà (m)	[paka'ba]
Hosenschlitz (m)	klỹnas (v)	['klʲiːnas]

Reißverschluss (m)	užtrauktùkas (v)	[ʊʒtrɑʊk'tʊkas]
Verschluss (m)	užsegìmas (v)	[ʊʒsʲɛ'gʲɪmas]
Knopf (m)	sagà (m)	[sa'ga]
Knopfloch (n)	kìlpa (m)	['kʲɪlʲpa]
abgehen (Knopf usw.)	atplýšti	[at'plʲiːʃtʲɪ]

nähen (vi, vt)	siūti	['sʲuːtʲɪ]
sticken (vt)	siuvinéti	[sʲʊvʲɪ'nʲeːtʲɪ]
Stickerei (f)	siuvinéjimas (v)	[sʲʊvʲɪ'nʲɛjɪmas]
Nadel (f)	ãdata (m)	['aːdata]
Faden (m)	siūlas (v)	['sʲuːlʲas]
Naht (f)	siūlė (m)	['sʲuːlʲeː]

sich beschmutzen	išsitėpti	[ɪʃsʲɪ'tʲɛptʲɪ]
Fleck (m)	dėmė (m)	[dʲeː'mʲeː]
sich knittern	susiglámžyti	[sʊsʲɪ'glʲa mʒʲiːtʲɪ]
zerreißen (vt)	suplėšyti	[sʊp'lʲeːʃɪːtʲɪ]
Motte (f)	kandis (v)	['kandʲɪs]

39. Kosmetikartikel. Kosmetik

Zahnpasta (f)	dantų pasta (m)	[dan'tu: pas'ta]
Zahnbürste (f)	dantų šepetėlis (v)	[dan'tu: ʃepe'tʲeːlʲɪs]
Zähne putzen	valýti dantìs	[va'lʲiːtʲɪ dan'tʲɪs]

Rasierer (m)	skustùvas (v)	[skʊ'stʊvas]
Rasiercreme (f)	skutìmosi krėmas (v)	[skʊ'tʲɪmosʲɪ 'krʲɛmas]
sich rasieren	skùstis	['skʊstʲɪs]

Seife (f)	mùilas (v)	['mʊɪlʲas]
Shampoo (n)	šampūnas (v)	[ʃam'puːnas]

Schere (f)	žìrklės (m dgs)	['ʒʲɪrklʲeːs]
Nagelfeile (f)	dìldė (m) nagáms	['dʲɪlʲdʲeː: na'gams]
Nagelzange (f)	gnybtùkai (v)	[gnʲiːp'tʊkʌɪ]
Pinzette (f)	pincetas (v)	[pʲɪn'tsʲɛtas]

Kosmetik (f)	kosmètika (m)	[kɔs'mʲɛtʲɪka]
Gesichtsmaske (f)	kaũkė (m)	['kaʊkʲeː]
Maniküre (f)	manikiūras (v)	[manʲɪ'kʲuːras]
Maniküre machen	darýti manikiūrą	[da'rʲiːtʲɪ manʲɪ'kʲuːra:]
Pediküre (f)	pedikiūras (v)	[pʲɛdʲɪ'kʲuːras]

Kosmetiktasche (f)	kosmètinė (m)	[kɔs'mʲɛtʲɪnʲeː]
Puder (m)	pudrà (m)	[pʊd'ra]
Puderdose (f)	pùdrinė (m)	['pʊdrʲɪnʲeː]
Rouge (n)	skaistalaì (v dgs)	[skʌɪsta'lʲaɪ]

Parfüm (n)	kvepalaì (v dgs)	[kvʲɛpa'lʲaɪ]
Duftwasser (n)	tualètinis vanduõ (v)	[tʊa'lʲɛtʲɪnʲɪs van'dʊɑ]
Lotion (f)	losjònas (v)	[lʲo'sjɔ nas]
Kölnischwasser (n)	odekolònas (v)	[odʲɛko'lʲonas]

Lidschatten (m)	vokų šešėliai (v)	[vo'ku: ʃe'ʃʲeːlʲɛɪ]
Kajalstift (m)	akių pieštùkas (v)	[a'kʲu: pʲɛʃ'tʊkas]
Wimperntusche (f)	tùšas (v)	['tʊʃas]

Lippenstift (m)	lūpų dažaì (v)	['lʲuːpu: da'ʒʌɪ]
Nagellack (m)	nagų lãkas (v)	[na'gu: 'lʲaːkas]
Haarlack (m)	plaukų lãkas (v)	[plʲaʊ'ku: 'lʲaːkas]

Deodorant (n)	dezodorántas (v)	[dʲɛzodoˈrantas]
Creme (f)	krèmas (v)	[ˈkrʲɛmas]
Gesichtscreme (f)	veido krèmas (v)	[ˈvʲɛɪdɔ ˈkrʲɛmas]
Handcreme (f)	rañkų krèmas (v)	[ˈraŋku: ˈkrʲɛmas]
Anti-Falten-Creme (f)	krèmas (v) nuõ raukšlių̃	[ˈkrʲɛmas nʊɑ rɑʊkʃˈlʲu:]
Tagescreme (f)	dienìnis krèmas (v)	[dʲiɛˈnʲɪnʲɪs ˈkrʲɛmas]
Nachtcreme (f)	naktìnis krèmas (v)	[nakˈtʲɪnʲɪs ˈkrʲɛmas]
Tages-	dienìnis	[dʲiɛˈnʲɪnʲɪs]
Nacht-	naktìnis	[nakˈtʲɪnʲɪs]
Tampon (m)	tampònas (v)	[tamˈponas]
Toilettenpapier (n)	tualètinis pòpierius (v)	[tʊaˈlʲɛtʲɪnʲɪs ˈpo:pʲiɛrʲʊs]
Föhn (m)	fènas (v)	[ˈfʲɛnas]

40. Armbanduhren Uhren

Armbanduhr (f)	laĩkrodis (v)	[ˈlʲaɪkrodʲɪs]
Zifferblatt (n)	ciferblãtas (v)	[tsʲɪfʲɛrˈblʲa:tas]
Zeiger (m)	rodỹklė (m)	[roˈdʲi:klʲe:]
Metallarmband (n)	apýrankė (m)	[aˈpʲi:raŋkʲe:]
Uhrenarmband (n)	diržèlis (v)	[dʲɪrˈʒʲælʲɪs]
Batterie (f)	elemeñtas (v)	[ɛlʲɛˈmʲɛntas]
verbraucht sein	išsikráuti	[ɪʃsʲɪˈkrɑʊtʲɪ]
die Batterie wechseln	pakeĩsti elemeñtą	[paˈkʲɛɪstʲɪ ɛlʲɛˈmʲɛnta:]
vorgehen (vi)	skubéti	[skʊˈbʲe:tʲɪ]
nachgehen (vi)	atsilìkti	[atsʲɪˈlʲɪktʲɪ]
Wanduhr (f)	síeninis laĩkrodis (v)	[ˈsʲiɛnʲɪnʲɪs ˈlʲaɪkrodʲɪs]
Sanduhr (f)	smėlio laĩkrodis (v)	[ˈsmʲe:lʲɔ ˈlʲaɪkrodʲɪs]
Sonnenuhr (f)	sáulės laĩkrodis (v)	[ˈsɑʊlʲe:s ˈlʲaɪkrodʲɪs]
Wecker (m)	žadintùvas (v)	[ʒadʲɪnˈtʊvas]
Uhrmacher (m)	laĩkrodininkas (v)	[ˈlʲaɪkrodʲɪnʲɪŋkas]
reparieren (vt)	taisýti	[tʌɪˈsʲi:tʲɪ]

ALLTAGSERFAHRUNG

41. Geld

Geld (n)	pinigaĩ (v)	[pʲɪnʲɪˈgʌɪ]
Austausch (m)	keitìmas (v)	[kʲɛɪˈtʲɪmas]
Kurs (m)	kùrsas (v)	[ˈkʊrsas]
Geldautomat (m)	bankomãtas (v)	[baŋkoˈmaːtas]
Münze (f)	monetà (m)	[monʲɛˈta]
Dollar (m)	dóleris (v)	[ˈdolʲɛrʲɪs]
Euro (m)	eũras (v)	[ˈɛ̃ʊras]
Lira (f)	lirà (m)	[lʲɪˈra]
Mark (f)	márkė (m)	[ˈmarkʲeː]
Franken (m)	fránkas (v)	[ˈfraŋkas]
Pfund Sterling (n)	svãras (v)	[ˈsvaːras]
Yen (m)	jenà (m)	[jɛˈna]
Schulden (pl)	skolà (m)	[skoˈlʲa]
Schuldner (m)	skõlininkas (v)	[ˈskoːlʲɪnʲɪŋkas]
leihen (vt)	dúoti į̃ skõlą	[ˈdʊɑtʲɪ iː ˈskoːlʲaː]
leihen, borgen (Geld usw.)	im̃ti į̃ skõlą	[ˈɪmtʲɪ iː ˈskoːlʲaː]
Bank (f)	bánkas (v)	[ˈbaŋkas]
Konto (n)	sąskaità (m)	[ˈsaːskʌɪta]
auf ein Konto einzahlen	dėti į̃ sąskaitą	[ˈdʲeːtʲɪ iː ˈsaːskʌɪtaː]
abheben (vt)	im̃ti ìš sąskaitos	[ˈɪmtʲɪ ɪʃ ˈsaːskʌɪtos]
Kreditkarte (f)	kredìtinė kortẽlė (m)	[krʲɛˈdʲɪtʲɪnʲeː korˈtʲælʲeː]
Bargeld (n)	gryníeji pinigaĩ (v)	[grʲiːˈnʲiɛjɪ pʲɪnʲɪˈgʌɪ]
Scheck (m)	čẽkis (v)	[ˈt͡ʂʲɛkʲɪs]
einen Scheck schreiben	išrašýti čẽkį	[ɪʃraˈʃʲɪːtʲɪ ˈt͡ʂʲɛkʲɪː]
Scheckbuch (n)	čẽkių knygẽlė (m)	[ˈt͡ʂʲɛkʲu: knʲiːˈgʲælʲeː]
Geldtasche (f)	piniginė̃ (m)	[pʲɪnʲɪˈgʲɪnʲeː]
Geldbeutel (m)	piniginė̃ (m)	[pʲɪnʲɪˈgʲɪnʲeː]
Safe (m)	seĩfas (v)	[ˈsʲɛɪfas]
Erbe (m)	paveldétojas (v)	[pavelʲˈdʲeːtoːjɛs]
Erbschaft (f)	palikìmas (v)	[palʲɪˈkʲɪmas]
Vermögen (n)	tur̃tas (v)	[ˈtʊrtas]
Pacht (f)	núoma (m)	[ˈnʊɑma]
Miete (f)	bùto mókestis (v)	[ˈbʊtɔ ˈmokʲɛstʲɪs]
mieten (vt)	núomotis	[ˈnʊɑmotʲɪs]
Preis (m)	káina (m)	[ˈkʌɪna]
Kosten (pl)	káina (m)	[ˈkʌɪna]
Summe (f)	sumà (m)	[sʊˈma]

ausgeben (vt)	léisti	['lʲɛɪstʲɪ]
Ausgaben (pl)	sąnaudos (m dgs)	['saːnɑʊdos]
sparen (vt)	taupýti	[tɑʊ'pʲiːtʲɪ]
sparsam	taupùs	[tɑʊ'pʊs]

zahlen (vt)	mokéti	[mo'kʲeːtʲɪ]
Lohn (m)	apmokéjimas (v)	[apmo'kʲɛjɪmas]
Wechselgeld (n)	grąža (m)	[graː'ʒa]

Steuer (f)	mókestis (v)	['mokʲɛstʲɪs]
Geldstrafe (f)	baudà (m)	[bɑʊ'da]
bestrafen (vt)	baũsti	['bɑʊstʲɪ]

42. Post. Postdienst

Post (Postamt)	pãštas (v)	['paːʃtas]
Post (Postsendungen)	pãštas (v)	['paːʃtas]
Briefträger (m)	pãštininkas (v)	['paːʃtʲɪnʲɪŋkas]
Öffnungszeiten (pl)	dárbo valandõs (m dgs)	['darbɔ valʲan'doːs]

Brief (m)	láiškas (v)	['lʲʌɪʃkas]
Einschreibebrief (m)	užsakýtas láiškas (v)	[ʊʒsa'kʲiːtas 'lʲʌɪʃkas]
Postkarte (f)	atvirùté (m)	[atvʲɪ'rʊtʲeː]
Telegramm (n)	telegramà (m)	[tʲɛlʲɛgra'ma]
Postpaket (n)	siuntinỹs (v)	[sʲʊntʲɪ'nʲiːs]
Geldanweisung (f)	piniginis pavedimas (v)	[pʲɪnʲɪ'gʲɪnʲɪs pavʲɛ'dʲɪmas]

bekommen (vt)	gáuti	['gɑʊtʲɪ]
abschicken (vt)	išsių̃sti	[ɪʃ'sʲuːstʲɪ]
Absendung (f)	išsiuntìmas (v)	[ɪʃsʲʊn'tʲɪmas]

Postanschrift (f)	ãdresas (v)	['aːdrʲɛsas]
Postleitzahl (f)	iñdeksas (v)	['ɪndʲɛksas]
Absender (m)	siuntéjas (v)	[sʲʊn'tʲeːjas]
Empfänger (m)	gavéjas (v)	[ga'vʲeːjas]

Vorname (m)	var̃das (v)	['vardas]
Nachname (m)	pavardẽ (m)	[pavar'dʲeː]

Tarif (m)	tarìfas (v)	[ta'rʲɪfas]
Standard- (Tarif)	į̃prastas	['iːprastas]
Spar- (-tarif)	taupùs	[tɑʊ'pʊs]

Gewicht (n)	svõris (v)	['svoːrʲɪs]
abwiegen (vt)	sver̃ti	['svʲɛrtʲɪ]
Briefumschlag (m)	võkas (v)	['voːkas]
Briefmarke (f)	markùté (m)	[mar'kʊtʲeː]

43. Bankgeschäft

Bank (f)	bánkas (v)	['baŋkas]
Filiale (f)	skỹrius (v)	['skʲiːrʲʊs]

| Berater (m) | konsultántas (v) | [kɔnsʊlʲ'tantas] |
| Leiter (m) | valdýtojas (v) | [valʲ'dʲiːtoːjɛs] |

Konto (n)	sáskaita (m)	['saːskʌɪta]
Kontonummer (f)	sáskaitos nùmeris (v)	['saːskʌɪtos 'nʊmʲɛrʲɪs]
Kontokorrent (n)	einamóji sáskaita (m)	[ɛɪna'moːjɪ 'saːskʌɪta]
Sparkonto (n)	kaupiamóji sáskaita (m)	[kɑʊpʲæ'moːjɪ 'saːskʌɪta]

ein Konto eröffnen	atidarýti sáskaitą	[atʲɪda'rʲiːtʲɪ 'saːskʌɪtaː]
das Konto schließen	uždarýti sáskaitą	[ʊʒda'rʲiːtʲɪ 'saːskʌɪtaː]
einzahlen (vt)	padéti į̃ sáskaitą	[pa'dʲeːtʲɪ iː 'saːskʌɪtaː]
abheben (vt)	paim̃ti iš sáskaitos	['pʌɪmtʲɪ ɪʃ 'saːskʌɪtos]

Einzahlung (f)	iñdėlis (v)	['ɪndʲeːlʲɪs]
eine Einzahlung machen	įnèšti iñdėlį	[iː'nʲɛʃtʲɪ 'ɪndʲeːlʲɪː]
Überweisung (f)	pavedìmas (v)	[pavʲɛ'dʲɪmas]
überweisen (vt)	atlìkti pavedìmą	[at'lʲɪktʲɪ pavʲɛ'dʲɪmaː]

| Summe (f) | sumà (m) | [sʊ'ma] |
| Wieviel? | Kíek? | ['kʲiɛk?] |

| Unterschrift (f) | párašas (v) | ['paːraʃas] |
| unterschreiben (vt) | pasirašýti | [pasʲɪra'ʃʲiːtʲɪ] |

Kreditkarte (f)	kredìtinė kortēlė (m)	[krʲɛ'dʲɪtʲɪnʲeː kor'tʲælʲeː]
Code (m)	kòdas (v)	['kodas]
Kreditkartennummer (f)	kredìtinės kortēlės nùmeris (v)	[krʲɛ'dʲɪtʲɪnʲeːs kor'tʲælʲeːs 'nʊmerʲɪs]
Geldautomat (m)	bankomãtas (v)	[baŋko'maːtas]

Scheck (m)	kvìtas (v)	['kvʲɪtas]
einen Scheck schreiben	išrašýti kvìtą	[ɪʃra'ʃʲɪtʲɪ 'kvʲɪtaː]
Scheckbuch (n)	čèkių knygēlė (m)	['tʃɛkʲu: knʲiː'gʲælʲeː]

Darlehen (m)	kredìtas (v)	[krʲɛ'dʲɪtas]
ein Darlehen beantragen	kreĩptis dėl kredìto	['krʲɛɪptʲɪs dʲeːlʲ krʲɛ'dʲɪtɔ]
ein Darlehen aufnehmen	im̃ti kredìtą	['ɪmtʲɪ krʲɛ'dʲɪtaː]
ein Darlehen geben	suteĩkti kredìtą	[sʊ'tʲɛɪktʲɪ krʲɛ'dʲɪtaː]
Sicherheit (f)	garántija (m)	[ga'rantʲɪjɛ]

44. Telefon. Telefongespräche

Telefon (n)	telefónas (v)	[tʲɛlʲɛ'fonas]
Mobiltelefon (n)	mobilùsis telefónas (v)	[mobʲɪ'lʊsʲɪs tʲɛlʲɛ'fonas]
Anrufbeantworter (m)	autoatsakìklis (v)	[ɑʊtoatsa'kʲɪklʲɪs]

| anrufen (vt) | skam̃binti | ['skambʲɪntʲɪ] |
| Anruf (m) | skambùtis (v) | [skam'bʊtʲɪs] |

eine Nummer wählen	suriñkti nùmerį	[sʊ'rʲɪŋktʲɪ 'nʊmʲɛrʲiː]
Hallo!	Aliõ!	[a'lʲʲo!]
fragen (vt)	pakláusti	[pak'lʲɑʊstʲɪ]
antworten (vi)	atsakýti	[atsa'kʲiːtʲɪ]
hören (vt)	girdéti	[gʲɪr'dʲeːtʲɪ]

gut (~ aussehen)	gerai	[gʲɛ'rʌɪ]
schlecht (Adv)	prastai	[pras'tʌɪ]
Störungen (pl)	trukdžiai (v dgs)	[trʊk'dʒʲɛɪ]

Hörer (m)	ragelis (v)	[ra'gʲælʲɪs]
den Hörer abnehmen	pakelti ragelį	[pa'kʲɛlʲtʲɪ ra'gʲælʲɪ:]
auflegen (den Hörer ~)	padeti ragelį	[pa'dʲe:tʲɪ ra'gʲælʲɪ:]

besetzt	užimtas	['ʊʒʲɪmtas]
läuten (vi)	skambeti	[skam'bʲe:tʲɪ]
Telefonbuch (n)	telefonų knyga (m)	[tʲɛlʲɛ'fonu: knʲi:'ga]

Orts-	vietinis	['vʲiɛtʲɪnʲɪs]
Ortsgespräch (n)	vietinis skambutis (v)	['vʲiɛtʲɪnʲɪs skam'bʊtʲɪs]
Auslands-	tarptautinis	[tarptɑʊ'tʲɪnʲɪs]
Auslandsgespräch (n)	tarptautinis skambutis (v)	[tarptɑʊ'tʲɪnʲɪs skam'bʊtʲɪs]
Fern-	tarpmiestinis	[tarpmʲiɛs'tʲɪnʲɪs]
Ferngespräch (n)	tarpmiestinis skambutis (v)	[tarpmʲiɛs'tʲɪnʲɪs skam'bʊtʲɪs]

45. Mobiltelefon

Mobiltelefon (n)	mobilusis telefonas (v)	[mobʲɪ'lʊsʲɪs tʲɛlʲɛ'fonas]
Display (n)	ekranas (v)	[ɛk'ra:nas]
Knopf (m)	mygtukas (v)	[mʲi:k'tʊkas]
SIM-Karte (f)	SIM-kortelė (m)	[sʲɪm-kor'tʲælʲe:]

Batterie (f)	akumuliatorius (v)	[akʊmʊ'lʲætorʲʊs]
leer sein (Batterie)	išsikrauti	[ɪʃʲɪ'krɑʊtʲɪ]
Ladegerät (n)	įkroviklis (v)	[i:kro'vʲɪ:klʲɪs]

Menü (n)	valgiaraštis (v)	[valʲ'gʲæraʃtʲɪs]
Einstellungen (pl)	nustatymai (v dgs)	[nʊ'sta:tʲi:mʌɪ]
Melodie (f)	melodija (m)	[mʲɛ'lʲodʲɪjɛ]
auswählen (vt)	pasirinkti	[pasʲɪ'rʲɪŋktʲɪ]

Rechner (m)	skaičiuotuvas (v)	[skʌɪtʂʲʊo'tʊvas]
Anrufbeantworter (m)	balso pastas (v)	['balʲso 'pa:ʃtas]
Wecker (m)	žadintuvas (v)	[ʒadʲɪn'tʊvas]
Kontakte (pl)	telefonų knyga (m)	[tʲɛlʲɛ'fonu: knʲi:'ga]

SMS-Nachricht (f)	SMS žinutė (m)	[ɛsɛ'mɛs ʒʲɪnʊtʲe:]
Teilnehmer (m)	abonentas (v)	[abo'nʲɛntas]

46. Bürobedarf

Kugelschreiber (m)	automatinis šratinukas (v)	[ɑʊto'ma:tʲɪnʲɪs ʃratʲɪ'nʊkas]
Federhalter (m)	plunksnakotis (v)	[plʲʊŋk'sna:kotʲɪs]

Bleistift (m)	pieštukas (v)	[pʲiɛʃ'tʊkas]
Faserschreiber (m)	žymeklis (v)	[ʒʲi:'mʲæklʲɪs]
Filzstift (m)	flomasteris (v)	[flʲo'ma:stʲɛrʲɪs]
Notizblock (m)	bloknotas (v)	[blʲok'notas]

Terminkalender (m)	dienóraštis (v)	[dʲiɛ'noraʃtʲɪs]
Lineal (n)	liniuõtė (m)	[lʲɪ'nʲʊo:tʲe:]
Rechner (m)	skaičiuotùvas (v)	[skʌɪtʂʲʊo'tʊvas]
Radiergummi (m)	trintùkas (v)	[trʲɪn'tʊkas]
Reißzwecke (f)	smeigtùkas (v)	[smʲɛɪk'tʊkas]
Heftklammer (f)	sąvaržėlė (m)	[sa:var'ʒʲe:lʲe:]
Klebstoff (m)	klijaĩ (v dgs)	[klʲɪ'jʌɪ]
Hefter (m)	segìklis (v)	[sʲɛ'gʲɪklʲɪs]
Locher (m)	skylãmušis (v)	[skʲi:'lʲa:muʃɪs]
Bleistiftspitzer (m)	drožtùkas (v)	[droʒ'tʊkas]

47. Fremdsprachen

Sprache (f)	kalbà (m)	[kalʲ'ba]
Fremd-	užsienio	['ʊʒsʲiɛnʲɔ]
Fremdsprache (f)	užsienio kalbà (m)	['ʊʒsʲiɛnʲɔ kalʲba]
studieren (z.B. Jura ~)	studijúoti	[stʊdʲɪ'jʊatʲɪ]
lernen (Englisch ~)	mókytis	['mokʲi:tʲɪs]
lesen (vi, vt)	skaitýti	[skʌɪ'tʲi:tʲɪ]
sprechen (vi, vt)	kalbėti	[kalʲ'bʲe:tʲɪ]
verstehen (vt)	suprãsti	[sʊp'rastʲɪ]
schreiben (vi, vt)	rašýti	[ra'ʃɪ:tʲɪ]
schnell (Adv)	greĩtai	['grʲɛɪtʌɪ]
langsam (Adv)	lėtaĩ	[lʲe:'tʌɪ]
fließend (Adv)	laisvaĩ	[lʲʌɪs'vʌɪ]
Regeln (pl)	taisýklės (m dgs)	[tʌɪ'sʲi:klʲe:s]
Grammatik (f)	gramãtika (m)	[gra'ma:tʲɪka]
Vokabular (n)	lèksika (m)	['lʲɛksʲɪka]
Phonetik (f)	fonètika (m)	[fo'nʲɛtʲɪka]
Lehrbuch (n)	vadovėlis (v)	[vado'vʲe:lʲɪs]
Wörterbuch (n)	žodýnas (v)	[ʒo'dʲi:nas]
Selbstlernbuch (n)	savìmokos vadovėlis (v)	[sa'vʲɪmokos vado'vʲe:lʲɪs]
Sprachführer (m)	pasikalbėjimų knygėlė (m)	[pasʲɪkalʲ'bʲɛjɪmu: knʲi:'gʲæ:lʲe:]
Kassette (f)	kasėtė (m)	[ka'sʲɛtʲe:]
Videokassette (f)	vaizdãjuostė (m)	[vʌɪz'da:jʊastʲe:]
CD (f)	kompãktinis dìskas (v)	[kɔm'pa:ktʲɪnʲɪs 'dʲɪskas]
DVD (f)	DVD diskàs (v)	[dʲɪvʲɪ'dʲɪ dʲɪs'kas]
Alphabet (n)	abėcėlė (m)	[abʲe:'tsʲe:lʲe:]
buchstabieren (vt)	sakýti paraidžiuĩ	[sa'kʲi:tʲɪ parʌɪ'dʒʲʊɪ]
Aussprache (f)	tarìmas (v)	[ta'rʲɪmas]
Akzent (m)	akceñtas (v)	[ak'tsʲɛntas]
mit Akzent	sù akcentù	['sʊ aktsʲɛn'tʊ]
ohne Akzent	bè akceñto	['bʲɛ ak'tsʲɛntɔ]
Wort (n)	žõdis (v)	['ʒo:dʲɪs]
Bedeutung (f)	prasmė (m)	[pras'mʲe:]

Kurse (pl)	kursai (v dgs)	['kʊrsʌɪ]
sich einschreiben	užsirašyti	[ʊʒsʲɪraˈʃɪːtʲɪ]
Lehrer (m)	déstytojas (v)	['dʲeːstʲiːtoːjɛs]
Übertragung (f)	vertìmas (v)	[vʲɛrˈtʲɪmas]
Übersetzung (f)	vertìmas (v)	[vʲɛrˈtʲɪmas]
Übersetzer (m)	vertéjas (v)	[vʲɛrˈtʲeːjas]
Dolmetscher (m)	vertéjas (v)	[vʲɛrˈtʲeːjas]
Polyglott (m, f)	poliglòtas (v)	[polʲɪˈglotas]
Gedächtnis (n)	atmintìs (m)	[atmʲɪnˈtʲɪs]

MAHLZEITEN. RESTAURANT

48. Gedeck

Löffel (m)	šáukštas (v)	['ʃɑʊkʃtas]
Messer (n)	peĩlis (v)	['pʲɛɪlʲɪs]
Gabel (f)	šakùtė (m)	[ʃa'kʊtʲe:]

Tasse (eine ~ Tee)	puodùkas (v)	[pʊɑ'dʊkas]
Teller (m)	lėkštė̃ (m)	[lʲe:kʃ'tʲe:]
Untertasse (f)	lėkštẽlė (m)	[lʲe:kʃ'tʲælʲe:]
Serviette (f)	servetė̃lė (m)	[sʲɛrve'tʲe:lʲe:]
Zahnstocher (m)	dantų̃ krapštùkas (v)	[dan'tu: krapʃ'tʊkas]

49. Restaurant

Restaurant (n)	restorãnas (v)	[rʲɛsto'ra:nas]
Kaffeehaus (n)	kavìnė (m)	[ka'vʲɪnʲe:]
Bar (f)	bãras (v)	['ba:ras]
Teesalon (m)	arbãtos salònas (v)	[ar'ba:tos sa'lʲonas]

Kellner (m)	padavėjas (v)	[pada'vʲe:jas]
Kellnerin (f)	padavėja (m)	[pada'vʲe:ja]
Barmixer (m)	bármenas (v)	['barmʲɛnas]

Speisekarte (f)	meniù (v)	[mʲɛ'nʲʊ]
Weinkarte (f)	vỹnų žemėlapis (v)	['vʲi:nu: ʒe'mʲe:lʲapʲɪs]
einen Tisch reservieren	rezervúoti staliùką	[rʲɛzʲɛr'vʊɑtʲɪ sta'lʲʊka:]

Gericht (n)	pãtiekalas (v)	['pa:tʲiɛkalʲas]
bestellen (vt)	užsisakýti	[ʊʒsʲɪsakʲi:tʲɪ]
eine Bestellung aufgeben	padarýti užsãkymą	[pada'rʲi:tʲɪ ʊʒ'sa:kʲi:ma:]

Aperitif (m)	aperitỹvas (v)	[apʲɛrʲɪ'tʲi:vas]
Vorspeise (f)	ùžkandis (v)	['ʊʒkandʲɪs]
Nachtisch (m)	desèrtas (v)	[dʲɛ'sʲɛrtas]

Rechnung (f)	są́skaita (m)	['sa:skʌɪta]
Rechnung bezahlen	apmokéti są́skaitą	[apmo'kʲe:tʲɪ 'sa:skʌɪta:]
das Wechselgeld geben	dúoti grąžõs	['dʊɑtʲɪ gra:'ʒo:s]
Trinkgeld (n)	arbãtpinigiai (v dgs)	[ar'ba:tpʲɪnʲɪgʲɛɪ]

50. Mahlzeiten

| Essen (n) | valgis (v) | ['valʲgʲɪs] |
| essen (vi, vt) | válgyti | ['valʲgʲi:tʲɪ] |

Frühstück (n)	pusryčiai (v dgs)	['pusrⁱi:tʃⁱɛɪ]
frühstücken (vi)	pusryčiauti	['pusrⁱi:tʃⁱɛʊtⁱɪ]
Mittagessen (n)	pietūs (v)	['pⁱɛ'tu:s]
zu Mittag essen	pietáuti	[pⁱiɛ'tɑʊtⁱɪ]
Abendessen (n)	vakarienė (m)	[vaka'rⁱɛnⁱe:]
zu Abend essen	vakarieniáuti	[vakarⁱiɛ'nⁱæʊtⁱɪ]

Appetit (m)	apetìtas (v)	[apⁱɛ'tⁱɪtas]
Guten Appetit!	Gẽro apetìto!	['gⁱærɔ apⁱɛ'tⁱɪtɔ!]

öffnen (vt)	atidarýti	[atⁱɪda'rⁱi:tⁱɪ]
verschütten (vt)	išpìlti	[ɪʃ'pⁱɪlⁱtⁱɪ]
verschüttet werden	išsipìlti	[ɪʃsⁱɪ'pⁱɪlⁱtⁱɪ]

kochen (vi)	vìrti	['vⁱɪrtⁱɪ]
kochen (Wasser ~)	vìrinti	['vⁱɪrⁱɪntⁱɪ]
gekocht (Adj)	vìrintas	['vⁱɪrⁱɪntas]
kühlen (vt)	atvėsìnti	[atvⁱe:'sⁱɪntⁱɪ]
abkühlen (vi)	vėsìnti	[vⁱe:'sⁱɪntⁱɪ]

Geschmack (m)	skõnis (v)	['sko:nⁱɪs]
Beigeschmack (m)	príeskonis (v)	['prⁱiɛskonⁱɪs]

auf Diät sein	laikýti diẽtos	[lⁱʌɪ'kⁱi:tⁱɪ 'dⁱɛtos]
Diät (f)	dietà (m)	[dⁱiɛ'ta]
Vitamin (n)	vitamìnas (v)	[vⁱɪta'mⁱɪnas]
Kalorie (f)	kalòrija (m)	[ka'lⁱorⁱɪjɛ]
Vegetarier (m)	vegetãras (v)	[vⁱɛgⁱɛ'ta:ras]
vegetarisch (Adj)	vegetãriškas	[vⁱɛgⁱɛ'ta:rⁱɪʃkas]

Fett (n)	riebalaì (v dgs)	[rⁱiɛba'lⁱʌɪ]
Protein (n)	baltymaì (v dgs)	[balⁱtⁱi:'mʌɪ]
Kohlenhydrat (n)	angliãvandeniai (v dgs)	[an'glⁱæavandⁱɛnⁱɛɪ]
Scheibchen (n)	griežinỹs (v)	[grⁱiɛʒⁱɪ'rⁱnⁱi:s]
Stück (ein ~ Kuchen)	gãbalas (v)	['ga:balⁱas]
Krümel (m)	trupinỹs (v)	[trupⁱɪ'nⁱi:s]

51. Gerichte

Gericht (n)	pãtiekalas (v)	['pa:tⁱiɛkalⁱas]
Küche (f)	virtùvė (m)	[vⁱɪr'tʊvⁱe:]
Rezept (n)	recèptas (v)	[rⁱɛ'tsⁱɛptas]
Portion (f)	pòrcija (m)	['portsⁱɪjɛ]

Salat (m)	salõtos (m)	[sa'lⁱo:tos]
Suppe (f)	sriubà (m)	[srⁱʊ'ba]

Brühe (f), Bouillon (f)	sultinỹs (v)	[sʊlⁱtⁱɪ'nⁱi:s]
belegtes Brot (n)	sumuštìnis (v)	[sʊmʊʃⁱtⁱɪnⁱɪs]
Spiegelei (n)	kiaušinienė (m)	[kⁱɛʊʃⁱɪ'nⁱɛnⁱe:]

Hamburger (m)	mėsaìnis (v)	[mⁱe:'sʌɪnⁱɪs]
Beefsteak (n)	bifštèksas (v)	[bⁱɪfʃⁱtⁱɛksas]
Beilage (f)	garnýras (v)	[gar'nⁱi:ras]

55

Spaghetti (pl)	spagečiai (v dgs)	[spa'gʲɛtʂʲɛɪ]
Kartoffelpüree (n)	bulvių košė (m)	['buˡʲvʲu: 'ko:ʃe:]
Pizza (f)	pica (m)	[pʲɪ'tsa]
Brei (m)	košė (m)	['ko:ʃe:]
Omelett (n)	omletas (v)	[om'lʲɛtas]

gekocht	virtas	['vʲɪrtas]
geräuchert	rūkytas	[ru:'kʲi:tas]
gebraten	keptas	['kʲæptas]
getrocknet	džiovintas	[dʒʲo'vʲɪntas]
tiefgekühlt	šaldytas	['ʃalʲdʲi:tas]
mariniert	marinuotas	[marʲɪ'nuɑtas]

süß	saldus	[salʲ'dus]
salzig	sūrus	[su:'rʊs]
kalt	šaltas	['ʃalʲtas]
heiß	karštas	['karʃtas]
bitter	kartus	[kar'tʊs]
lecker	skanus	[ska'nʊs]

kochen (vt)	virti	['vʲɪrtʲɪ]
zubereiten (vt)	gaminti	[ga'mʲɪntʲɪ]
braten (vt)	kepti	['kʲɛptʲɪ]
aufwärmen (vt)	pašildyti	[pa'ʃɪlʲdʲi:tʲɪ]

salzen (vt)	sūdyti	['su:dʲi:tʲɪ]
pfeffern (vt)	įberti pipirų	[i:'bʲɛrtʲɪ pʲɪ'pʲɪ:ru:]
reiben (vt)	tarkuoti	[tar'kuɑtʲɪ]
Schale (f)	luoba (m)	['lʲuaba]
schälen (vt)	lupti bulves	['lʲuptʲɪ 'bulʲʲvʲɛs]

52. Essen

Fleisch (n)	mėsa (m)	[mʲe:'sa]
Hühnerfleisch (n)	višta (m)	[vʲɪʃ'ta]
Küken (n)	viščiukas (v)	[vʲɪʃ'tʂʲukas]
Ente (f)	antis (m)	['antʲɪs]
Gans (f)	žąsinas (v)	['ʒa:sʲɪnas]
Wild (n)	žvėriena (m)	[ʒvʲe:'rʲiɛna]
Pute (f)	kalakutiena (m)	[kalʲaku'tʲiɛna]

Schweinefleisch (n)	kiauliena (m)	[kʲɛuˡʲliɛna]
Kalbfleisch (n)	veršiena (m)	[vʲɛrˡʃiɛna]
Hammelfleisch (n)	aviena (m)	[a'vʲiɛna]
Rindfleisch (n)	jautiena (m)	['jautʲiɛna]
Kaninchenfleisch (n)	triušis (v)	['trʲuʃɪs]

Wurst (f)	dešra (m)	[dʲɛʃ'ra]
Würstchen (n)	dešrėlė (m)	[dʲɛʃ'rʲæˡʲe:]
Schinkenspeck (m)	bekonas (v)	[bʲɛ'konas]
Schinken (m)	kumpis (v)	['kumpʲɪs]
Räucherschinken (m)	kumpis (v)	['kumpʲɪs]
Pastete (f)	paštetas (v)	[paʃ'tʲɛtas]
Leber (f)	kepenys (m dgs)	[kʲɛpe'nʲi:s]

| Hackfleisch (n) | fáršas (v) | ['farʃas] |
| Zunge (f) | liežùvis (v) | [lʲiɛ'ʒʊvʲɪs] |

Ei (n)	kiaušìnis (v)	[kʲɛʊ'ʃɪnʲɪs]
Eier (pl)	kiaušìniai (v dgs)	[kʲɛʊ'ʃɪnʲɛɪ]
Eiweiß (n)	báltymas (v)	['balʲtʲi:mas]
Eigelb (n)	trynỹs (v)	[trʲi:'nʲi:s]

Fisch (m)	žuvìs (m)	[ʒʊ'vʲɪs]
Meeresfrüchte (pl)	jūros gérybės (m dgs)	['ju:ros gʲe:'rʲi:bʲe:s]
Krebstiere (pl)	vėžiãgyviai (v dgs)	[vʲe:'ʒʲægʲi:vʲɛɪ]
Kaviar (m)	ìkrai (v dgs)	['ɪkrʌɪ]

Krabbe (f)	krãbas (v)	['kra:bas]
Garnele (f)	krevetė (m)	[krʲɛ'vʲɛtʲe:]
Auster (f)	áustrė (m)	['austrʲe:]
Languste (f)	langùstas (v)	[lʲan'gʊstas]
Krake (m)	aštuonkõjis (v)	[aʃtʊɑŋ'ko:jis]
Kalmar (m)	kalmãras (v)	[kalʲma:ras]

Störfleisch (n)	eršketíena (m)	[ɛrʃkʲɛ'tʲiɛna]
Lachs (m)	lašišà (m)	[lʲaʃɪ'ʃa]
Heilbutt (m)	õtas (v)	['o:tas]

Dorsch (m)	ménkė (m)	['mʲɛŋkʲe:]
Makrele (f)	skùmbrė (m)	['skʊmbrʲe:]
Tunfisch (m)	tùnas (v)	['tʊnas]
Aal (m)	ungurỹs (v)	[ʊŋgʊ'rʲi:s]

Forelle (f)	upétakis (v)	[ʊ'pʲe:takʲɪs]
Sardine (f)	sardìnė (m)	[sar'dʲɪnʲe:]
Hecht (m)	lydeka (m)	[lʲi:dʲɛ'ka]
Hering (m)	sìlkė (m)	['sʲɪlʲkʲe:]

Brot (n)	dúona (m)	['dʊɑna]
Käse (m)	sū̃ris (v)	['su:rʲɪs]
Zucker (m)	cùkrus (v)	['tsʊkrʊs]
Salz (n)	druskà (m)	[drʊs'ka]

Reis (m)	rỹžiai (v)	['rʲi:ʒʲɛɪ]
Teigwaren (pl)	makarõnai (v dgs)	[maka'ro:nʌɪ]
Nudeln (pl)	lãkštiniai (v dgs)	['lʲa:kʃtʲɪnʲɛɪ]

Butter (f)	svíestas (v)	['svʲiɛstas]
Pflanzenöl (n)	augalìnis aliėjus (v)	[ɑʊgalʲɪnʲɪs a'lʲɛjʊs]
Sonnenblumenöl (n)	saulégrąžų aliėjus (v)	[sɑʊ'lʲe:gra:ʒu a'lʲɛjʊs]
Margarine (f)	margarìnas (v)	[marga'rʲɪnas]

| Oliven (pl) | alỹvuogės (m dgs) | [a'lʲi:vʊɑgʲe:s] |
| Olivenöl (n) | alỹvuogių aliėjus (v) | [a'lʲi:vʊɑgʲu: a'lʲɛjʊs] |

Milch (f)	píenas (v)	['pʲiɛnas]
Kondensmilch (f)	sutírštintas píenas (v)	[sʊ'tʲɪrʃtɪntas 'pʲiɛnas]
Joghurt (m)	jogùrtas (v)	[jo'gʊrtas]
saure Sahne (f)	grietìnė (m)	[grʲiɛ'tʲɪnʲe:]
Sahne (f)	grietinė̃lė (m)	[grʲiɛtʲɪ'nʲe:lʲe:]

| Mayonnaise (f) | majonezas (v) | [majɔ'nʲɛzas] |
| Buttercreme (f) | kremas (v) | ['krʲɛmas] |

Grütze (f)	kruopos (m dgs)	['kruɑpos]
Mehl (n)	miltai (v dgs)	['mʲɪlʲtʌɪ]
Konserven (pl)	konservai (v dgs)	[kɔn'sʲɛrvʌɪ]

Maisflocken (pl)	kukurūzų dribsniai (v dgs)	[kʊkʊ'ru:zu: 'drʲɪbsnʲɛɪ]
Honig (m)	medus (v)	[mʲɛ'dʊs]
Marmelade (f)	džemas (v)	['dʒʲɛmas]
Kaugummi (m, n)	kramtomoji guma (m)	[kramto'mojɪ gʊ'ma]

53. Getränke

Wasser (n)	vanduõ (v)	[van'dʊɑ]
Trinkwasser (n)	geriamas vanduõ (v)	['gʲærʲæmas van'dʊɑ]
Mineralwasser (n)	mineralinis vanduõ (v)	[mʲɪnʲɛ'ra:lʲɪnʲɪs van'dʊɑ]

still	be gãzo	['bʲɛ 'ga:zɔ]
mit Kohlensäure	gazuotas	[ga'zuɑtas]
mit Gas	gazuotas	[ga'zuɑtas]
Eis (n)	ledas (v)	['lʲædas]
mit Eis	su ledais	['sʊ lʲɛ'dʌɪs]

alkoholfrei (Adj)	nealkoholonis	[nʲɛalʲko'ɣolonʲɪs]
alkoholfreies Getränk (n)	nealkoholonis gerimas (v)	[nʲɛalʲko'ɣolonʲɪs 'gʲe:rʲɪmas]
Erfrischungsgetränk (n)	gaivusis gerimas (v)	[gʌɪ'vʊsʲɪs 'gʲe:rʲɪmas]
Limonade (f)	limonadas (v)	[lʲɪmo'na:das]

Spirituosen (pl)	alkoholiniai gerimai (v dgs)	[alʲko'ɣolʲɪnʲɛɪ 'gʲe:rʲɪmʌɪ]
Wein (m)	vynas (v)	['vʲi:nas]
Weißwein (m)	baltas vynas (v)	['balʲtas 'vʲi:nas]
Rotwein (m)	raudonas vynas (v)	[rɑʊ'donas 'vʲi:nas]

Likör (m)	likeris (v)	['lʲɪkʲɛrʲɪs]
Champagner (m)	šampanas (v)	[ʃam'pa:nas]
Wermut (m)	vermutas (v)	['vʲɛrmʊtas]

Whisky (m)	viskis (v)	['vʲɪskʲɪs]
Wodka (m)	degtine (m)	[dʲɛk'tʲɪnʲe:]
Gin (m)	džinas (v)	['dʒʲɪnas]
Kognak (m)	konjakas (v)	[kɔnʲja:kas]
Rum (m)	romas (v)	['romas]

Kaffee (m)	kava (m)	[ka'va]
schwarzer Kaffee (m)	juoda kava (m)	[jʊɑ'da ka'va]
Milchkaffee (m)	kava su pienu (m)	[ka'va 'sʊ 'pʲiɛnʊ]
Cappuccino (m)	kapučino kava (m)	[kapu'tʂɪnɔ ka'va]
Pulverkaffee (m)	tirpi kava (m)	[tʲɪr'pʲɪ ka'va]

Milch (f)	pienas (v)	['pʲiɛnas]
Cocktail (m)	koktelis (v)	[kɔk'tʲɛlʲɪs]
Milchcocktail (m)	pieniškas koktelis (v)	['pʲiɛnʲɪʃkas kok'tʲɛlʲɪs]
Saft (m)	sultys (m dgs)	['sʊlʲtʲi:s]

Tomatensaft (m)	pomidorų sultys (m dgs)	[pomʲɪ'doru: 'sʊlʲtʲi:s]
Orangensaft (m)	apelsinų sultys (m dgs)	[apʲɛlʲ'sʲɪnu: 'sʊlʲtʲi:s]
frisch gepresster Saft (m)	šviežiai spaustos sultys (m dgs)	[ʃvʲiɛ'ʒʲɛɪ 'spaʊstos 'sʊlʲtʲi:s]

Bier (n)	alus (v)	[a'lʲʊs]
Helles (n)	šviesus alus (v)	[ʃvʲiɛ'sʊs a'lʲʊs]
Dunkelbier (n)	tamsus alus (v)	[tam'sʊs a'lʲʊs]

Tee (m)	arbata (m)	[arba'ta]
schwarzer Tee (m)	juoda arbata (m)	[jʊɑ'da arba'ta]
grüner Tee (m)	žalia arbata (m)	[ʒa'lʲæ arba'ta]

54. Gemüse

| Gemüse (n) | daržovės (m dgs) | [dar'ʒovʲe:s] |
| grünes Gemüse (pl) | žalumynai (v) | [ʒalʲʊ'mʲi:nʌɪ] |

Tomate (f)	pomidoras (v)	[pomʲɪ'doras]
Gurke (f)	agurkas (v)	[a'gʊrkas]
Karotte (f)	morka (m)	[mor'ka]
Kartoffel (f)	bulvė (m)	['bʊlʲvʲe:]
Zwiebel (f)	svogūnas (v)	[svo'gu:nas]
Knoblauch (m)	česnākas (v)	[tʂʲɛs'na:kas]

Kohl (m)	kopūstas (v)	[ko'pu:stas]
Blumenkohl (m)	kalafioras (v)	[kalʲa'fʲoras]
Rosenkohl (m)	briuselio kopūstas (v)	['brʲʊsʲɛlʲo ko'pu:stas]
Brokkoli (m)	brokolių kopūstas (v)	['brokolʲu: ko'pu:stas]

Rote Bete (f)	runkelis, burokas (v)	['rʊŋkʲɛlʲɪs], [bʊ'ro:kas]
Aubergine (f)	baklažanas (v)	[baklʲa'ʒa:nas]
Zucchini (f)	agurotis (v)	[agʊ'ro:tʲɪs]

| Kürbis (m) | ropė (m) | ['ropʲe:] |
| Rübe (f) | moliūgas (v) | [mo'lʲu:gas] |

Petersilie (f)	petražolė (m)	[pʲɛ'tra:ʒolʲe:]
Dill (m)	krapas (v)	['kra:pas]
Kopf Salat (m)	salota (m)	[sa'lʲo:ta]
Sellerie (m)	saliēras (v)	[sa'lʲɛras]

| Spargel (m) | smidras (v) | ['smʲɪdras] |
| Spinat (m) | špinatas (v) | [ʃpʲɪ'na:tas] |

| Erbse (f) | žirniai (v dgs) | ['ʒʲɪrnʲɛɪ] |
| Bohnen (pl) | pupos (m dgs) | ['pʊpos] |

| Mais (m) | kukurūzas (v) | [kʊkʊ'ru:zas] |
| weiße Bohne (f) | pupelės (m dgs) | [pʊ'pʲælʲe:s] |

Paprika (m)	pipiras (v)	[pʲɪ'pʲɪras]
Radieschen (n)	ridikas (v)	[rʲɪ'dʲɪkas]
Artischocke (f)	artišokas (v)	[artʲɪ'ʃokas]

55. Obst. Nüsse

Frucht (f)	vaĩsius (v)	['vʌɪsʲʊs]
Apfel (m)	obuolỹs (v)	[obʊɑ'lʲiːs]
Birne (f)	kriáušė (m)	['krʲæʊʃʲeː]
Zitrone (f)	citrinà (m)	[tsʲɪtrʲɪ'na]
Apfelsine (f)	apelsìnas (v)	[apʲɛlʲ'sʲɪnas]
Erdbeere (f)	brãškė (m)	['braːʃkʲeː]
Mandarine (f)	mandarìnas (v)	[manda'rʲɪnas]
Pflaume (f)	slyvà (m)	[slʲiː'va]
Pfirsich (m)	pèrsikas (v)	['pʲɛrsʲɪkas]
Aprikose (f)	abrikòsas (v)	[abrʲɪ'kosas]
Himbeere (f)	aviẽtė (m)	[a'vʲɛtʲeː]
Ananas (f)	ananãsas (v)	[ana'naːsas]
Banane (f)	banãnas (v)	[ba'naːnas]
Wassermelone (f)	arbū̃zas (v)	[ar'buːzas]
Weintrauben (pl)	vỹnuogės (m dgs)	['vʲiːnʊagʲeːs]
Sauerkirsche (f)	vyšnià (m)	[vʲiːʃnʲæ]
Süßkirsche (f)	trẽšnė (m)	['trʲæʃnʲeː]
Melone (f)	meliònas (v)	[mʲɛ'lʲonas]
Grapefruit (f)	greĩpfrutas (v)	['grʲɛɪpfrʊtas]
Avocado (f)	avokàdas (v)	[avo'kadas]
Papaya (f)	papája (m)	[pa'pa ja]
Mango (f)	mángo (v)	['mangɔ]
Granatapfel (m)	granãtas (v)	[gra'naːtas]
rote Johannisbeere (f)	raudoníeji serbeñtai (v dgs)	[raʊdo'nʲɛji sʲɛr'bʲɛntʌɪ]
schwarze Johannisbeere (f)	juodíeji serbeñtai (v dgs)	[jʊa'dʲɪɛjɪ sʲɛr'bʲɛntʌɪ]
Stachelbeere (f)	agrãstas (v)	[ag'ra:stas]
Heidelbeere (f)	mėlýnės (m dgs)	[mʲeː'lʲiːnʲeːs]
Brombeere (f)	gérvuogės (m dgs)	['gʲɛrvʊagʲeːs]
Rosinen (pl)	razìnos (m dgs)	[ra'zʲɪnos]
Feige (f)	figà (m)	[fʲɪ'ga]
Dattel (f)	datùlė (m)	[da'tʊlʲeː]
Erdnuss (f)	žẽmės riešutaĩ (v)	['ʒʲæmʲeːs rʲɪɛʃʊ'tʌɪ]
Mandel (f)	migdõlas (v)	[mʲɪg'doːlʲas]
Walnuss (f)	graĩkinis ríešutas (v)	['grʌɪkʲɪnʲɪs rʲɪɛʃʊtas]
Haselnuss (f)	ríešutas (v)	['rʲɪɛʃʊtas]
Kokosnuss (f)	kòkoso ríešutas (v)	['kokosɔ 'rʲɪɛʃʊtas]
Pistazien (pl)	pistãcijos (m dgs)	[pʲɪs'ta:tsʲɪjɔs]

56. Brot. Süßigkeiten

Konditorwaren (pl)	konditẽrijos gaminiaĩ (v)	[kɔndʲɪ'tʲɛrʲɪjos gamʲɪ'nʲɛɪ]
Brot (n)	dúona (m)	['dʊana]
Keks (m, n)	sausaĩniai (v)	[saʊ'sʌɪnʲɛɪ]
Schokolade (f)	šokolãdas (v)	[ʃoko'lʲa:das]
Schokoladen-	šokolãdinis	[ʃoko'lʲa:dʲɪnʲɪs]

Bonbon (m, n)	saldainis (v)	[sal'dʌɪnⁱɪs]
Kuchen (m)	pyragaitis (v)	[pⁱiːraˈgʌɪtⁱɪs]
Torte (f)	tortas (v)	['tortas]

| Kuchen (Apfel-) | pyrãgas (v) | [pⁱiːˈraːgas] |
| Füllung (f) | įdaras (v) | ['iːdaras] |

Konfitüre (f)	uogiẽnė (m)	[uɑˈgⁱɛnⁱeː]
Marmelade (f)	marmeladas (v)	[marmⁱɛ'lⁱaːdas]
Waffeln (pl)	vãfliai (v dgs)	['vaːflⁱɛɪ]
Eis (n)	ledai (v dgs)	[lⁱɛ'dʌɪ]
Pudding (m)	pudingas (v)	['pʊdⁱɪngas]

57. Gewürze

Salz (n)	druska (m)	[drʊs'ka]
salzig (Adj)	sūrus	[suːˈrʊs]
salzen (vt)	sūdyti	['suːdⁱiːtⁱɪ]

schwarzer Pfeffer (m)	juodieji pipirai (v)	[juɑ'dⁱiɛjɪ pⁱɪ'pⁱɪrʌɪ]
roter Pfeffer (m)	raudonieji pipirai (v)	[rɑʊdo'nⁱiɛjɪ pⁱɪ'pⁱɪrʌɪ]
Senf (m)	garstyčios (v)	[gar'stⁱiːtʂⁱos]
Meerrettich (m)	krienai (v dgs)	[krⁱiɛ'nʌɪ]

Gewürz (n)	prieskonis (v)	['prⁱiɛskonⁱɪs]
Gewürz (n)	prieskonis (v)	['prⁱiɛskonⁱɪs]
Soße (f)	padažas (v)	['paːdaʒas]
Essig (m)	actas (v)	['aːtstas]

Anis (m)	anyžius (v)	[aˈnⁱiːʒⁱʊs]
Basilikum (n)	bazilikas (v)	[ba'zⁱɪlⁱɪkas]
Nelke (f)	gvazdikas (v)	[gvaz'dⁱɪkas]
Ingwer (m)	imbieras (v)	['ɪmbⁱiɛras]
Koriander (m)	kalendra (m)	[ka'lⁱɛndra]
Zimt (m)	cinamonas (v)	[tsⁱɪna'monas]

Sesam (m)	sezamas (v)	[sⁱɛ'zaːmas]
Lorbeerblatt (n)	lauro lapas (v)	['lⁱɑʊro 'lⁱaːpas]
Paprika (m)	paprika (m)	['paːprⁱɪka]
Kümmel (m)	kmynai (v)	['kmⁱiːnʌɪ]
Safran (m)	šafranas (v)	[ʃafraːnas]

PERSÖNLICHE INFORMATIONEN. FAMILIE

58. Persönliche Informationen. Formulare

Vorname (m)	vardas (v)	['vardas]
Name (m)	pavardė (m)	[pavar'dʲeː]
Geburtsdatum (n)	gimìmo datà (m)	[gʲɪ'mʲɪmɔ da'ta]
Geburtsort (m)	gimìmo vietà (m)	[gʲɪ'mʲɪmɔ vʲiɛ'ta]
Nationalität (f)	tautýbė (m)	[tɑʊ'tʲiːbʲeː]
Wohnort (m)	gyvẽnamoji vietà (m)	[gʲiːvʲæna'mojɪ vʲiɛ'ta]
Land (n)	šalìs (m)	[ʃa'lʲɪs]
Beruf (m)	profèsija (m)	[profʲɛsʲɪjɛ]
Geschlecht (n)	lýtis (m)	['lʲiːtʲɪs]
Größe (f)	ū̃gis (v)	['uːgʲɪs]
Gewicht (n)	svõris (v)	['svoːrʲɪs]

59. Familienmitglieder. Verwandte

Mutter (f)	mótina (m)	['motʲɪna]
Vater (m)	tėvas (v)	['tʲeːvas]
Sohn (m)	sūnùs (v)	[suː'nʊs]
Tochter (f)	dukrà, duktė̃ (m)	[dʊk'ra], [dʊk'tʲeː]
jüngste Tochter (f)	jaunesnióji duktė̃ (m)	[jɛʊnes'nʲoːjɪ dʊk'tʲeː]
jüngste Sohn (m)	jaunesnỹsis sūnùs (v)	[jɛʊnʲɛs'nʲiːsʲɪs suː'nʊs]
ältere Tochter (f)	vyresnióji duktė̃ (m)	[vʲiːres'nʲoːjɪ dʊk'tʲeː]
älterer Sohn (m)	vyresnỹsis sūnùs (v)	[vʲiːrʲɛs'nʲiːsʲɪs suː'nʊs]
Bruder (m)	brólis (v)	['brolʲɪs]
älterer Bruder (m)	vyresnỹsis brólis (v)	[vʲiːrʲɛs'nʲiːsʲɪs 'brolʲɪs]
jüngerer Bruder (m)	jaunesnỹsis brólis (v)	[jɛʊnʲɛs'nʲiːsʲɪs 'brolʲɪs]
Schwester (f)	sesuõ (m)	[sʲe'sʊɑ]
ältere Schwester (f)	vyresnióji sesuõ (m)	[vʲiːrʲɛs'nʲoːjɪ sʲe'sʊɑ]
jüngere Schwester (f)	jaunesnióji sesuõ (m)	[jɛʊnʲɛs'nʲoːjɪ sʲe'sʊɑ]
Cousin (m)	pùsbrolis (v)	['pʊsbrolʲɪs]
Cousine (f)	pùsseserė (m)	['pʊsseserʲeː]
Mama (f)	mamà (m)	[ma'ma]
Papa (m)	tė̃tis (v)	['tʲeːtʲɪs]
Eltern (pl)	tėvaĩ (v)	[tʲeː'vʌɪ]
Kind (n)	vaĩkas (v)	['vʌɪkas]
Kinder (pl)	vaikaĩ (v)	[vʌɪ'kʌɪ]
Großmutter (f)	senẽlė (m)	[sʲɛ'nʲælʲeː]
Großvater (m)	senẽlis (v)	[sʲɛ'nʲælʲɪs]
Enkel (m)	anū̃kas (v)	[a'nuːkas]

Enkelin (f)	anūkė (m)	[a'nu:kʲe:]
Enkelkinder (pl)	anūkai (v)	[a'nu:kʌɪ]
Onkel (m)	dėdė (v)	['dʲe:dʲe:]
Tante (f)	teta (m)	[tʲɛ'ta]
Neffe (m)	sūnėnas (v)	[su:'nʲe:nas]
Nichte (f)	dukterėčia (m)	[dʊkte'rʲe:tʂʲæ]
Schwiegermutter (f)	uošvė (m)	['ʊɑʃvʲe:]
Schwiegervater (m)	uošvis (v)	['ʊɑʃvʲɪs]
Schwiegersohn (m)	žéntas (v)	['ʒʲɛntas]
Stiefmutter (f)	pamotė (m)	['pa:motʲe:]
Stiefvater (m)	patėvis (v)	[pa'tʲe:vʲɪs]
Säugling (m)	kūdikis (v)	['ku:dʲɪkʲɪs]
Kleinkind (n)	naujagimis (v)	[nɑʊ'ja:gʲɪmʲɪs]
Kleine (m)	vaĩkas (v)	['vʌɪkas]
Frau (f)	žmona (m)	[ʒmo'na]
Mann (m)	vyras (v)	['vʲi:ras]
Ehemann (m)	sutuoktìnis (v)	[sʊtʊak'tʲɪnʲɪs]
Gemahlin (f)	sutuoktìnė (m)	[sʊtʊak'tʲɪnʲe:]
verheiratet (Ehemann)	vẽdęs	['vʲædʲɛ:s]
verheiratet (Ehefrau)	ištekėjusi	[ɪʃtʲɛ'kʲe:jʊsʲɪ]
ledig	viengungis	[vʲɪɛŋ'gʊŋgʲɪs]
Junggeselle (m)	viengungis (v)	[vʲɪɛŋ'gʊŋgʲɪs]
geschieden (Adj)	išsiskyręs	[ɪʃsʲɪ'skʲi:rʲɛ:s]
Witwe (f)	našlė (m)	[naʃ'lʲe:]
Witwer (m)	našlys (v)	[naʃ'lʲi:s]
Verwandte (m)	giminaitis (v)	[gʲɪmʲɪ'nʌɪtʲɪs]
naher Verwandter (m)	artimas giminaitis (v)	['artʲɪmas gʲɪmʲɪ'nʌɪtʲɪs]
entfernter Verwandter (m)	tolimas giminaitis (v)	['tolʲɪmas gʲɪmʲɪ'nʌɪtʲɪs]
Verwandte (pl)	giminės (m dgs)	['gʲɪmʲɪnʲe:s]
Waise (m, f)	našlaitis (v)	[naʃ'lʲʌɪtʲɪs]
Vormund (m)	globėjas (v)	[glʲo'bʲe:jas]
adoptieren (einen Jungen)	įsūnyti	[i:'su:nʲɪ:tʲɪ]
adoptieren (ein Mädchen)	įdukrinti	[i:'dʊkrʲɪntʲɪ]

60. Freunde. Arbeitskollegen

Freund (m)	draũgas (v)	['drɑʊgas]
Freundin (f)	draugė (m)	[drɑʊ'gʲe:]
Freundschaft (f)	draugystė (m)	[drɑʊ'gʲi:stʲe:]
befreundet sein	draugauti	[drɑʊ'gɑʊtʲɪ]
Freund (m)	pažįstamas (v)	[pa'ʒʲi:stamas]
Freundin (f)	pažįstama (m)	[paʒʲi:sta'ma]
Partner (m)	partneris (v)	['partnʲɛrʲɪs]
Chef (m)	šefas (v)	['ʃɛfas]
Vorgesetzte (m)	viršininkas (v)	['vʲɪrʃʲɪnʲɪŋkas]

Besitzer (m)	savininkas (v)	[savʲɪ'nʲɪŋkas]
Untergeordnete (m)	pavaldinỹs (v)	[pavalʲdʲɪ'nʲiːs]
Kollege (m), Kollegin (f)	kolegà (v)	[kɔlʲɛ'ga]
Bekannte (m)	pažį́stamas (v)	[pa'ʒʲɪːstamas]
Reisegefährte (m)	pakeleĩvis (v)	[pakʲɛ'lʲɛɪvʲɪs]
Mitschüler (m)	klasiõkas (v)	[klʲa'sʲoːkas]
Nachbar (m)	kaimýnas (v)	[kʌɪ'mʲiːnas]
Nachbarin (f)	kaimýnė (m)	[kʌɪ'mʲiːnʲeː]
Nachbarn (pl)	kaimýnai (v)	[kʌɪ'mʲiːnʌɪ]

MENSCHLICHER KÖRPER. MEDIZIN

61. Kopf

Kopf (m)	galvà (m)	[galʲ'va]
Gesicht (n)	veidas (v)	['vʲɛɪdas]
Nase (f)	nósis (m)	['nosʲɪs]
Mund (m)	burnà (m)	[bʊr'na]
Auge (n)	akìs (m)	[a'kʲɪs]
Augen (pl)	ãkys (m dgs)	['a:kʲi:s]
Pupille (f)	vyzdỹs (v)	[vʲi:z'dʲi:s]
Augenbraue (f)	antakis (v)	['antakʲɪs]
Wimper (f)	blakstíena (m)	[blʲak'stʲiɛna]
Augenlid (n)	vókas (v)	['vo:kas]
Zunge (f)	liežùvis (v)	[lʲiɛ'ʒʊvʲɪs]
Zahn (m)	dantìs (v)	[dan'tʲɪs]
Lippen (pl)	lúpos (m dgs)	['lʲu:pos]
Backenknochen (pl)	skruostìkauliai (v dgs)	[skrʊa'stʲɪkaʊlʲɛɪ]
Zahnfleisch (n)	dantenõs (m dgs)	[dantʲɛ'no:s]
Gaumen (m)	gomurỹs (v)	[gomʊ'rʲi:s]
Nasenlöcher (pl)	šnérvės (m dgs)	['ʃnʲærvʲe:s]
Kinn (ii)	smãkras (v)	['sma:kras]
Kiefer (m)	žandìkaulis (v)	[ʒan'dʲɪkaʊlʲɪs]
Wange (f)	skrúostas (v)	['skrʊastas]
Stirn (f)	kaktà (m)	[kak'ta]
Schläfe (f)	smilkinỹs (v)	[smʲɪlʲkʲɪr'nʲi:s]
Ohr (n)	ausìs (v)	[aʊ'sʲɪs]
Nacken (m)	pakáušis, sprándas (v)	[pa'kaʊʃɪs], ['sprandas]
Hals (m)	kãklas (v)	['ka:klʲas]
Kehle (f)	gerklė̃ (m)	[gʲɛrk'lʲe:]
Haare (pl)	plaukaì (v dgs)	[plʲaʊ'kʌɪ]
Frisur (f)	šukúosena (m)	[ʃʊ'kʊasʲɛna]
Haarschnitt (m)	kirpìmas (v)	[kʲɪr'pʲɪmas]
Perücke (f)	perùkas (v)	[pʲɛ'rʊkas]
Schnurrbart (m)	ūsai (v dgs)	['u:sʌɪ]
Bart (m)	barzdà (m)	[barz'da]
haben (einen Bart ~)	nešióti	[nʲɛ'ʃotʲɪ]
Zopf (m)	kasà (m)	[ka'sa]
Backenbart (m)	žándenos (m dgs)	['ʒandʲɛnos]
rothaarig	rùdis	['rʊdʲɪs]
grau	žilas	['ʒʲɪlʲas]
kahl	plìkas	['plʲɪkas]
Glatze (f)	plìkė (m)	['plʲɪkʲe:]

Pferdeschwanz (m)	uodegà (m)	[ʊadʲɛˈga]
Pony (Ponyfrisur)	kírpčiai (v dgs)	[ˈkʲɪrptsʲɛɪ]

62. Menschlicher Körper

Hand (f)	pláštaka (m)	[ˈplʲaːʃtaka]
Arm (m)	rankà (m)	[raŋˈka]

Finger (m)	pírštas (v)	[ˈpʲɪrʃtas]
Daumen (m)	nykštỹs (v)	[nʲiːkʃˈtʲiːs]
kleiner Finger (m)	mažàsis pírštas (v)	[maˈʒasʲɪs ˈpʲɪrʃtas]
Nagel (m)	nãgas (v)	[ˈnaːgas]

Faust (f)	kùmštis (v)	[ˈkʊmʃtʲɪs]
Handfläche (f)	délnas (v)	[ˈdʲɛlʲnas]
Handgelenk (n)	ríešas (v)	[ˈrʲiɛʃas]
Unterarm (m)	dìlbis (v)	[ˈdʲɪlʲbʲɪs]
Ellbogen (m)	alkū̃nė (m)	[alʲˈkuːnʲeː]
Schulter (f)	petìs (v)	[pʲɛˈtʲɪs]

Bein (n)	kója (m)	[ˈkoja]
Fuß (m)	pėdà (m)	[pʲeːˈda]
Knie (n)	kẽlias (v)	[ˈkʲælʲæs]
Wade (f)	blauzdà (m)	[blʲɑʊˈda]
Hüfte (f)	šlaunìs (m)	[ʃlʲɑʊˈnʲɪs]
Ferse (f)	kulnas (v)	[ˈkʊlʲnas]

Körper (m)	kū̃nas (v)	[ˈkuːnas]
Bauch (m)	pílvas (v)	[ˈpʲɪlʲvas]
Brust (f)	krūtìnė (m)	[kruːˈtʲɪnʲeː]
Busen (m)	krūtìs (m)	[kruːˈtʲɪs]
Seite (f), Flanke (f)	šónas (v)	[ˈʃonas]
Rücken (m)	nùgara (m)	[ˈnʊgara]
Kreuz (n)	juosmuõ (v)	[jʊɑsˈmʊɑ]
Taille (f)	liemuõ (v)	[lʲiɛˈmʊɑ]

Nabel (m)	bámba (m)	[ˈbamba]
Gesäßbacken (pl)	sédmenys (v dgs)	[ˈsʲeːdmenʲiːs]
Hinterteil (n)	pasturgalis, užpakalis (v)	[pasˈtʊrgalʲɪs], [ˈʊʒpakalʲɪs]

Leberfleck (m)	ãpgamas (v)	[ˈaːpgamas]
Muttermal (n)	ãpgamas (v)	[ˈaːpgamas]
Tätowierung (f)	tatuiruõtė (m)	[tatʊiˈrʊatʲeː]
Narbe (f)	rándas (v)	[ˈrandas]

63. Krankheiten

Krankheit (f)	ligà (m)	[lʲɪˈga]
krank sein	sírgti	[ˈsʲɪrktʲɪ]
Gesundheit (f)	sveikatà (m)	[svʲɛɪkaˈta]
Schnupfen (m)	slogà (m)	[slʲoˈga]
Angina (f)	anginà (m)	[angʲɪˈna]

| Erkältung (f) | péršalimas (v) | ['pⁱɛrʃalⁱɪmas] |
| sich erkälten | péršalti | ['pⁱɛrʃalⁱtⁱɪ] |

Bronchitis (f)	bronchìtas (v)	[bron'xⁱɪtas]
Lungenentzündung (f)	plaũčių uždegìmas (v)	['plⁱɑutʂⁱu: uʒdⁱɛ'gⁱɪmas]
Grippe (f)	grìpas (v)	['grⁱɪpas]

kurzsichtig	trumparégis	[trumpa'rⁱægⁱɪs]
weitsichtig	toliarégis	[tolⁱæ'rⁱægⁱɪs]
Schielen (n)	žvairùmas (v)	[ʒvʌɪ'rumas]
schielend (Adj)	žvaĩras	['ʒvʌɪras]
grauer Star (m)	kataraktà (m)	[katarak'ta]
Glaukom (n)	glaukomà (m)	[glⁱɑuko'ma]

Schlaganfall (m)	insùltas (v)	[ɪn'sulⁱtas]
Infarkt (m)	infárktas (v)	[ɪn'farktas]
Herzinfarkt (m)	miokárda infárktas (v)	[mⁱɪjɔ'karda in'farktas]
Lähmung (f)	paralýžius (v)	[para'lⁱiːʒⁱus]
lähmen (vt)	paraližúoti	[paralⁱɪ'ʒuatⁱɪ]

Allergie (f)	alèrgija (m)	[a'lⁱɛrgⁱɪjɛ]
Asthma (n)	astmà (m)	[ast'ma]
Diabetes (m)	diabètas (v)	[dⁱɪja'bⁱɛtas]

| Zahnschmerz (m) | dantų̃ skaũsmas (v) | [dan'tu: 'skɑusmas] |
| Karies (f) | kãriesas (v) | ['ka:rⁱiɛsas] |

Durchfall (m)	diaréja (m)	[dⁱɪjarⁱe:ja]
Verstopfung (f)	vidurių̃ užkietéjimas (v)	[vⁱɪdu'rⁱu: uʒkⁱiɛ'tⁱɛjɪmas]
Magenverstimmung (f)	skrañdžio sutrikìmas (v)	['skrandʒⁱɔ sutrⁱɪ'kⁱɪmas]
Vergiftung (f)	apsinuõdijimas (v)	[apsⁱɪ'nuadⁱɪjimaş]
Vergiftung bekommen	apsinuõdyti	[apsⁱɪ'nuadⁱi:tⁱɪ]

Arthritis (f)	artrìtas (v)	[art'rⁱɪtas]
Rachitis (f)	rachìtas (v)	[ra'xⁱɪtas]
Rheumatismus (m)	reumatìzmas (v)	[rⁱɛuma'tⁱɪzmas]
Atherosklerose (f)	ateroskleròzė (m)	[aterosklⁱɛ'rozⁱe:]

Gastritis (f)	gastrìtas (v)	[gas'trⁱɪtas]
Blinddarmentzündung (f)	apendicìtas (v)	[apⁱɛndⁱɪ'tsⁱɪtas]
Cholezystitis (f)	cholecistìtas (v)	[xolⁱɛtsⁱɪs'tⁱɪtas]
Geschwür (n)	opà (m)	[o'pa]

Masern (pl)	tymaĩ (v)	[tⁱi:'mʌɪ]
Röteln (pl)	raudoniùkė (m)	[rɑudo'nⁱukⁱe:]
Gelbsucht (f)	geltà (m)	[gⁱɛlⁱ'ta]
Hepatitis (f)	hepatìtas (v)	[ɣⁱɛpa'tⁱɪtas]

Schizophrenie (f)	šizofrènija (m)	[ʃɪzo'frⁱɛnⁱɪjɛ]
Tollwut (f)	pasiùtligė (m)	[pa'sⁱutlⁱɪgⁱe:]
Neurose (f)	neuròzė (m)	[nⁱɛu'rozⁱe:]
Gehirnerschütterung (f)	smegenų̃ sutrenkìmas (v)	[smⁱɛgⁱɛ'nu: sutrⁱɛŋ'kⁱɪmas]

Krebs (m)	vėžỹs (v)	[vⁱe:'ʒⁱi:s]
Sklerose (f)	skleròzė (m)	[sklⁱɛ'rozⁱe:]
multiple Sklerose (f)	išsétinė skleròzė (m)	[ɪʃsⁱe:'tⁱɪnⁱe: sklⁱɛ'rozⁱe:]

Alkoholismus (m)	alkoholizmas (v)	[alʲkoɣoˈlʲɪzmas]
Alkoholiker (m)	alokoholikas (v)	[alokoˈɣolʲɪkas]
Syphilis (f)	sifilis (v)	[ˈsʲɪfʲɪlʲɪs]
AIDS	ŽIV (v)	[ˈʒʲɪv]

Tumor (m)	auglỹs (v)	[auɡˈlʲiːs]
Fieber (n)	karštligė (m)	[ˈkarʃtlʲɪɡʲeː]
Malaria (f)	maliārija (m)	[maˈlʲærʲɪjɛ]
Gangrän (f, n)	gangrenà (m)	[ɡaŋɡrʲɛˈna]
Seekrankheit (f)	jūros ligà (m)	[ˈjuːros lʲɪˈɡa]
Epilepsie (f)	epilepsija (m)	[ɛpʲɪˈlʲɛpsʲɪjɛ]

Epidemie (f)	epidemija (m)	[ɛpʲɪˈdʲɛmʲɪjɛ]
Typhus (m)	šiltinė (m)	[ˈʃʲɪlʲtʲɪnʲeː]
Tuberkulose (f)	tuberkuliozė (m)	[tʊberkʊˈlʲʲozʲeː]
Cholera (f)	cholera (m)	[ˈxolʲera]
Pest (f)	māras (v)	[ˈmaːras]

64. Symptome. Behandlungen. Teil 1

Symptom (n)	simptòmas (v)	[sʲɪmpˈtomas]
Temperatur (f)	temperatūrà (m)	[tʲɛmpʲeratuːˈra]
Fieber (n)	aukštà temperatūrà (m)	[aʊkʃˈta tʲɛmpʲeratuːˈra]
Puls (m)	pùlsas (v)	[ˈpʊlʲsas]

Schwindel (m)	galvõs svaigìmas (v)	[ɡalʲˈvoːs svʌɪˈɡʲɪmas]
heiß (Stirne usw.)	kárštas	[ˈkarʃtas]
Schüttelfrost (m)	drebulỹs (v)	[drʲɛbʊˈlʲiːs]
blass (z.B. -es Gesicht)	išbālęs	[ɪʃˈbaːlʲɛːs]

Husten (m)	kosulỹs (v)	[kɔsʊˈlʲiːs]
husten (vi)	kóséti	[ˈkosʲeːtʲɪ]
niesen (vi)	čiáudéti	[ˈtʂʲæʊdʲeːtʲɪ]
Ohnmacht (f)	nualpimas (v)	[nʊˈalʲpʲɪmas]
ohnmächtig werden	nualpti	[nʊˈalʲptʲɪ]

blauer Fleck (m)	mėlynė (m)	[mʲeːˈlʲiːnʲeː]
Beule (f)	gùzas (v)	[ˈɡʊzas]
sich stoßen	atsitreñkti	[atsʲɪˈtrʲɛŋktʲɪ]
Prellung (f)	sumušìmas (v)	[sʊmʊˈʃʲɪmas]
sich stoßen	susimùšti	[sʊsʲɪˈmʊʃtʲɪ]

hinken (vi)	šlubúoti	[ʃlʲʊˈbʊatʲɪ]
Verrenkung (f)	išnirìmas (v)	[ɪʃnʲɪˈrʲɪmas]
ausrenken (vt)	išnarìnti	[ɪʃnaˈrʲɪntʲɪ]
Fraktur (f)	lūžis (v)	[ˈlʲuːʒʲɪs]
brechen (Arm usw.)	susiláužyti	[sʊsʲɪˈlʲaʊʒʲiːtʲɪ]

Schnittwunde (f)	įpjovìmas (v)	[iːpjoˈvʲɪːmas]
sich schneiden	įsipjáuti	[iːsʲɪˈpjaʊtʲɪ]
Blutung (f)	kraujãvimas (v)	[kraʊˈjaːvʲɪmas]

| Verbrennung (f) | nudegìmas (v) | [nʊdʲɛˈɡʲɪmas] |
| sich verbrennen | nusidėginti | [nʊsʲɪˈdʲæɡʲɪntʲɪ] |

stechen (vt)	įdurti	[i:'dʊrtʲɪ]
sich stechen	įsidurti	[i:sʲɪ'dʊrtʲɪ]
verletzen (vt)	susižaloti	[sʊsʲɪʒa'lʲotʲɪ]
Verletzung (f)	sužalojimas (v)	[sʊʒa'lʲo:jɪmas]
Wunde (f)	žaizda (m)	[ʒʌɪz'da]
Trauma (n)	trauma (m)	['traʊma]

irrereden (vi)	sapalioti	[sapa'lʲotʲɪ]
stottern (vi)	mikčioti	[mʲɪk'tʃʲotʲɪ]
Sonnenstich (m)	saulės smūgis (v)	['saʊlʲe:s 'smu:gʲɪs]

65. Symptome. Behandlungen. Teil 2

Schmerz (m)	skausmas (v)	['skaʊsmas]
Splitter (m)	rakštis (m)	[rakʃ'tʲɪs]

Schweiß (m)	prakaitas (v)	['pra:kʌɪtas]
schwitzen (vi)	prakaituoti	[prakʌɪ'tʊatʲɪ]
Erbrechen (n)	pykinimas (v)	['pʲi:kʲɪnʲɪmas]
Krämpfe (pl)	traukuliai (v)	[traʊ'kʊlʲɛɪ]

schwanger	nėščia	[nʲe:ʃ'tʃʲæ]
geboren sein	gimti	['gʲɪmtʲɪ]
Geburt (f)	gimdymas (v)	['gʲɪmdʲi:mas]
gebären (vt)	gimdyti	[gʲɪm'dʲi:tʲɪ]
Abtreibung (f)	abortas (v)	[a'bortas]

Atem (m)	kvėpavimas (v)	[kvʲe:'pa:vʲɪmas]
Atemzug (m)	įkvėpis (v)	['i:kvʲe:pʲɪs]
Ausatmung (f)	iškvėpimas (v)	[ɪʃkvʲe:'pʲɪmas]
ausatmen (vt)	iškvėpti	[ɪʃ'kvʲe:ptʲɪ]
einatmen (vt)	įkvėpti	[i:k'vʲe:ptʲɪ]
Invalide (m)	invalidas (v)	[ɪnva'lʲɪdas]
Krüppel (m)	luošys (v)	[lʲʊa'ʃⁱɪ:s]
Drogenabhängiger (m)	narkomanas (v)	[narko'ma:nas]

taub	kurčias	['kʊrtʃʲæs]
stumm	nebylys	[nʲɛbʲi:'lʲi:s]
taubstumm	kurčnebylis	['kʊrtʃnʲɛbʲi:lʲɪs]

verrückt (Adj)	pamišęs	[pa'mʲɪʃɛ:s]
Irre (m)	pamišęs (v)	[pa'mʲɪʃɛ:s]
Irre (f)	pamišusi (m)	[pa'mʲɪʃʊsʲɪ]
den Verstand verlieren	išprotéti	[ɪʃpro'tʲe:tʲɪ]

Gen (n)	genas (v)	['gʲɛnas]
Immunität (f)	imunitetas (v)	[ɪmʊnʲɪ'tʲɛtas]
erblich	paveldimas	[pa'vʲɛlʲdʲɪmas]
angeboren	įgimtas	['i:gʲɪmtas]

Virus (m, n)	virusas (v)	['vʲɪrʊsas]
Mikrobe (f)	mikrobas (v)	[mʲɪk'robas]
Bakterie (f)	bakterija (m)	[bak'tʲɛrʲɪjɛ]
Infektion (f)	infekcija (m)	[ɪn'fʲɛktsʲɪjɛ]

66. Symptome. Behandlungen. Teil 3

| Krankenhaus (n) | ligóninė (m) | [ljɪ'gonjɪnje:] |
| Patient (m) | pacieñtas (v) | [pa'tsjiɛntas] |

Diagnose (f)	diagnòzė (m)	[djɪjag'nozje:]
Heilung (f)	gýdymas (v)	['gji:djiːmas]
Behandlung (f)	gýdymas (v)	['gji:djiːmas]
Behandlung bekommen	gýdytis	['gjiːdjiːtjɪs]
behandeln (vt)	gýdyti	['gjiːdjiːtjɪ]
pflegen (Kranke)	slaugýti	[sljɑʊ'gjiːtjɪ]
Pflege (f)	slaugà (m)	[sljɑʊ'ga]

Operation (f)	operãcija (m)	[opjɛ'raːtsjɪjɛ]
verbinden (vt)	pérrišti	['pjɛrrjɪʃtjɪ]
Verband (m)	pérrišimas (v)	['pjɛrrjɪʃɪmas]

Impfung (f)	skiẽpas (v)	['skjɛpas]
impfen (vt)	skiẽpyti	['skjɛpjiːtjɪ]
Spritze (f)	įdūrìmas (v)	[iːduːّrjɪːmas]
eine Spritze geben	suleĩsti vaĩstus	[sʊ'ljɛɪstjɪ 'vʌɪstʊs]

Anfall (m)	príepuolis (v)	['prjiɛpʊɑljɪs]
Amputation (f)	amputãcija (m)	[ampʊ'taːtsjɪjɛ]
amputieren (vt)	amputúoti	[ampʊ'tʊɑtjɪ]
Koma (n)	komà (m)	[kɔ'ma]
im Koma liegen	bũti kòmoje	['buːtjɪ 'kõmojɛ]
Reanimation (f)	reanimãcija (m)	[rjɛanjɪ'maːtsjɪjɛ]

genesen von ... (vi)	sveĩkti ...	['svjɛɪktjɪ ...]
Zustand (m)	bũklė (m)	['buːkljeː]
Bewusstsein (n)	sámonė (m)	['sa:monje:]
Gedächtnis (n)	atmintìs (m)	[atmjɪn'tjɪs]

ziehen (einen Zahn ~)	šãlinti	['ʃaːljɪntjɪ]
Plombe (f)	plòmba (m)	['pljomba]
plombieren (vt)	plombúoti	[pljom'bʊɑtjɪ]

| Hypnose (f) | hipnòzė (m) | [ɣjɪp'nozje:] |
| hypnotisieren (vt) | hipnotizúoti | [ɣjɪpnotjɪ'zʊɑtjɪ] |

67. Medizin. Medikamente. Accessoires

Arznei (f)	vaĩstas (v)	['vʌɪstas]
Heilmittel (n)	príemonė (m)	['prjiɛmonje:]
verschreiben (vt)	išrašýti	[ɪʃra'ʃiːtjɪ]
Rezept (n)	recèptas (v)	[rjɛ'tsjɛptas]

Tablette (f)	tablètė (m)	[tab'ljɛtje:]
Salbe (f)	tẽpalas (v)	['tjæpaljas]
Ampulle (f)	ámpulė (m)	['ampʊlje:]
Mixtur (f)	mikstūrà (m)	[mjɪkstuː'ra]
Sirup (m)	sìrupas (v)	['sjɪrupas]

Pille (f)	piliùlė (m)	[pʲɪˈlʲuʲlʲeː]
Pulver (n)	miltēliai (v dgs)	[mʲɪlʲˈtʲælʲɛɪ]
Verband (m)	bìntas (v)	[ˈbʲɪntas]
Watte (f)	vatà (m)	[vaˈta]
Jod (n)	jòdas (v)	[jɔ das]
Pflaster (n)	pleistras (v)	[ˈplʲɛɪstras]
Pipette (f)	pipetė (m)	[pʲɪˈpʲɛtʲeː]
Thermometer (n)	termometras (v)	[tʲɛrmoˈmʲɛtras]
Spritze (f)	švìrkštas (v)	[ˈʃvʲɪrkʃtas]
Rollstuhl (m)	neįgaliojo vežimėlis (v)	[nʲɛɪːgaˈlʲʲojo vʲɛˈʒʲɪmʲeːlʲɪs]
Krücken (pl)	ramentai (v dgs)	[raˈmʲɛntʌɪ]
Betäubungsmittel (n)	skausmą malšinantys vaistai (v dgs)	[ˈskɑusma: malʲʲʃɪnantʲiː s ˈvʌɪstʌɪ]
Abführmittel (n)	laisvinantys vaistai (v dgs)	[ˈlʲʲʌɪsvʲɪnantʲiː s ˈvʌɪstʌɪ]
Spiritus (m)	spìritas (v)	[ˈspʲɪrʲɪtas]
Heilkraut (n)	žolė (m)	[ʒoˈlʲe:]
Kräuter- (z.B. Kräutertee)	žolìnis	[ʒoˈlʲɪnʲɪs]

WOHNUNG

68. Wohnung

Wohnung (f)	bùtas (v)	['bʊtas]
Zimmer (n)	kambarỹs (v)	[kamba'rʲiːs]
Schlafzimmer (n)	miegamàsis (v)	[mʲiɛga'masʲɪs]
Esszimmer (n)	valgomàsis (v)	[valʲgo'masʲɪs]
Wohnzimmer (n)	svečių̃ kambarỹs (v)	[svʲɛ'tʂʲuː kamba'rʲiːs]
Arbeitszimmer (n)	kabinètas (v)	[kabʲɪ'nʲɛtas]

Vorzimmer (n)	príeškambaris (v)	['prʲiɛʃkambarʲɪs]
Badezimmer (n)	voniõs kambarỹs (v)	[vo'nʲoːs kamba'rʲiːs]
Toilette (f)	tualètas (v)	[tʊa'lʲɛtas]

Decke (f)	lùbos (m dgs)	['lʲʊbos]
Fußboden (m)	griñdys (m dgs)	['grʲɪndʲiːs]
Ecke (f)	kam̃pas (v)	['kampas]

69. Möbel. Innenausstattung

Möbel (n)	bal̃dai (v)	['balʲdʌɪ]
Tisch (m)	stãlas (v)	['staːlʲas]
Stuhl (m)	kėdė̃ (m)	[kʲeː'dʲeː]
Bett (n)	lóva (m)	['lʲova]
Sofa (n)	sofà (m)	[so'fa]
Sessel (m)	fòtelis (v)	['fotʲɛlʲɪs]

Bücherschrank (m)	spìnta (m)	['spʲɪnta]
Regal (n)	lentýna (m)	[lʲɛn'tʲiːna]

Schrank (m)	drabùžių spìnta (m)	[dra'bʊʒʲuː 'spʲɪnta]
Hakenleiste (f)	pakabà (m)	[paka'ba]
Kleiderständer (m)	kabyklà (m)	[kabʲiːk'lʲa]

Kommode (f)	komodà (m)	[kɔmo'da]
Couchtisch (m)	žurnãlinis staliùkas (v)	[ʒʊr'naːlʲɪnʲɪs sta'lʲʊkas]

Spiegel (m)	véidrodis (v)	['vʲɛɪdrodʲɪs]
Teppich (m)	kìlimas (v)	['kʲɪlʲɪmas]
Matte (kleiner Teppich)	kilimẽlis (v)	[kʲɪlʲɪ'mʲɛlʲɪs]

Kamin (m)	židinỹs (v)	[ʒʲɪdʲɪ'nʲiːs]
Kerze (f)	žvãkė (m)	['ʒvaːkʲeː]
Kerzenleuchter (m)	žvakìdė (m)	[ʒva'kʲɪdʲeː]

Vorhänge (pl)	užúolaidos (m dgs)	[ʊ'ʒʊalʲʌɪdos]
Tapete (f)	tapètai (v)	[ta'pʲɛtʌɪ]

Jalousie (f)	žaliuzés (m dgs)	['ʒaːlʲuzʲeːs]
Tischlampe (f)	stalìnė lémpa (m)	[sta'lʲɪnʲeː ˈlʲɛmpa]
Leuchte (f)	šviestùvas (v)	[ʃvʲiɛ'stʊvas]
Stehlampe (f)	toršèras (v)	[tor'ʃɛras]
Kronleuchter (m)	sietýnas (v)	[sʲiɛ'tʲiːnas]
Bein (Tischbein usw.)	kojýtė (m)	[kɔ'jiːtʲeː]
Armlehne (f)	ranktūris (v)	['raŋktuːrʲɪs]
Lehne (f)	átlošas (v)	['aːtlʲoʃas]
Schublade (f)	stálčius (v)	['stalʲtʂʲʊs]

70. Bettwäsche

Bettwäsche (f)	pãtalynė (m)	['paːtalʲiːnʲeː]
Kissen (n)	pagálvė (m)	[pa'galʲvʲeː]
Kissenbezug (m)	užvalkalas (v)	['ʊʒvalʲkalas]
Bettdecke (f)	užklótas (v)	[ʊʒ'klʲotas]
Laken (n)	paklõdė (m)	[pak'lʲoːdʲeː]
Tagesdecke (f)	lovãtiesė (m)	[lʲo'vaːtʲiɛsʲeː]

71. Küche

Küche (f)	virtùvė (m)	[vʲɪr'tʊvʲeː]
Gas (n)	dùjos (m dgs)	['dʊjɔs]
Gasherd (m)	dùjinė (m)	['dʊjɪnʲeː]
Elektroherd (m)	elektrìnė (m)	[ɛlʲɛk'trʲɪnʲeː]
Backofen (m)	órkaitė (m)	['orkʌɪtʲeː]
Mikrowellenherd (m)	mikrobangų krosnẽlė (m)	[mʲɪkroban'gu: kros'nʲælʲeː]
Kühlschrank (m)	šaldytùvas (v)	[ʃalʲdʲiː'tʊvas]
Tiefkühltruhe (f)	šáldymo kãmera (m)	['ʃalʲdʲiːmɔ 'kaːmʲɛra]
Geschirrspülmaschine (f)	indų plovìmo mašinà (m)	['ɪndu: plʲo'vʲɪmɔ maʃɪ'na]
Fleischwolf (m)	mẽsmalė (m)	['mʲeːsmalʲeː]
Saftpresse (f)	sulčiãspaudė (m)	[sʊlʲ'tʂʲæspɑʊdʲeː]
Toaster (m)	tòsteris (v)	['tostʲɛrʲɪs]
Mixer (m)	mìkseris (v)	['mʲɪksʲɛrʲɪs]
Kaffeemaschine (f)	kavõs aparãtas (v)	[ka'vo:s apa'ra:tas]
Kaffeekanne (f)	kavinùkas (v)	[kavʲɪ'nʊkas]
Kaffeemühle (f)	kavãmalė (m)	[ka'va:malʲeː]
Wasserkessel (m)	arbatinùkas (v)	[arbatʲɪ'nʊkas]
Teekanne (f)	arbãtinis (v)	[arba:'tʲɪnʲɪs]
Deckel (m)	dangtẽlis (v)	[daŋk'tʲælʲɪs]
Teesieb (n)	sietẽlis (v)	[sʲiɛ'tʲælʲɪs]
Löffel (m)	šáukštas (v)	['ʃɑʊkʃtas]
Teelöffel (m)	arbãtinis šaukštẽlis (v)	[ar'ba:tʲɪnʲɪs ʃɑʊkʃ'tʲælʲɪs]
Esslöffel (m)	válgomasis šáukštas (v)	['valʲgomasʲɪs 'ʃɑʊkʃtas]
Gabel (f)	šakùtė (m)	[ʃa'kʊtʲeː]
Messer (n)	peĩlis (v)	['pʲɛɪlʲɪs]

Geschirr (n)	iñdai (v)	['ɪndʌɪ]
Teller (m)	lėkštė (m)	[lʲe:kʃtʲe:]
Untertasse (f)	lėkštėlė (m)	[lʲe:kʃtʲælʲe:]

Schnapsglas (n)	taurėlė (m)	[tɑʊ'rʲælʲe:]
Glas (n)	stiklinė (m)	[stʲɪk'lʲɪnʲe:]
Tasse (f)	puodùkas (v)	[pʊɑ'dʊkas]

Zuckerdose (f)	cùkrinė (m)	['tsʊkrʲɪnʲe:]
Salzstreuer (m)	drùskinė (m)	['drʊskʲɪnʲe:]
Pfefferstreuer (m)	pipìrinė (m)	[pʲɪ'pʲɪrʲɪnʲe:]
Butterdose (f)	svíestinė (m)	['svʲiɛstʲɪnʲe:]

Kochtopf (m)	púodas (v)	['pʊɑdas]
Pfanne (f)	keptùvė (m)	[kʲɛp'tʊvʲe:]
Schöpflöffel (m)	sámtis (v)	['samtʲɪs]
Durchschlag (m)	kiaurãsamtis (v)	[kʲɛʊ'ra:samtʲɪs]
Tablett (n)	padėklas (v)	[pa'dʲe:klʲas]

Flasche (f)	bùtelis (v)	['bʊtʲɛlʲɪs]
Glas (Einmachglas)	stiklaĩnis (v)	[stʲɪk'lʌɪnʲɪs]
Dose (f)	skardinė (m)	[skar'dʲɪnʲe:]

Flaschenöffner (m)	atidarytùvas (v)	[atʲɪdarʲi:'tʊvas]
Dosenöffner (m)	konsérvų atidarytùvas (v)	[kɔn'sʲɛrvu: atʲɪdarʲi:'tʊvas]
Korkenzieher (m)	kamščiãtraukis (v)	[kamʃʲtsʲætrɑʊkʲɪs]
Filter (n)	fìltras (v)	['fʲɪlʲtras]
filtern (vt)	filtrúoti	[fʲɪlʲ'trʊɑtʲɪ]

| Müll (m) | šiùkšlės (m dgs) | ['ʃʊkʃlʲe:s] |
| Mülleimer, Treteimer (m) | šiùkšlių kìbiras (v) | ['ʃʊkʃlʲu: 'kʲɪbʲɪras] |

72. Bad

Badezimmer (n)	voniõs kambarỹs (v)	[vo'nʲo:s kamba'rʲi:s]
Wasser (n)	vanduõ (v)	[van'dʊɑ]
Wasserhahn (m)	čiáupas (v)	['tʂʲæʊpas]
Warmwasser (n)	kárštas vanduõ (v)	['karʃtas van'dʊɑ]
Kaltwasser (n)	šáltas vanduõ (v)	['ʃalʲtas van'dʊɑ]

Zahnpasta (f)	dantų̃ pastà (m)	[dan'tu: pas'ta]
Zähne putzen	valýti dantìs	[va'lʲi:tʲɪ dan'tʲɪs]
Zahnbürste (f)	dantų̃ šepetėlis (v)	[dan'tu: ʃepe'tʲe:lʲɪs]

sich rasieren	skùstis	['skʊstʲɪs]
Rasierschaum (m)	skutìmosi pùtos (m dgs)	[skʊ'tʲɪmosʲɪ 'pʊtos]
Rasierer (m)	skutìmosi peiliùkas (v)	[skʊ'tʲɪmosʲɪ pʲɛɪ'lʲʊkas]

waschen (vt)	pláuti	['plʲɑʊtʲɪ]
sich waschen	máudytis, praũstis	['mɑʊdʲi:tʲɪs], ['prɑʊstʲɪs]
Dusche (f)	dùšas (v)	['dʊʃas]
sich duschen	praũstis dušè	['prɑʊstʲɪs dʊ'ʃɛ]
Badewanne (f)	vonià (m)	[vo'nʲæ]
Klosettbecken (n)	unitãzas (v)	[ʊnʲɪ'ta:zas]

Waschbecken (n)	kriauklė (m)	[krʲɛʊkʲlʲe:]
Seife (f)	muĩlas (v)	['mʊɪlʲas]
Seifenschale (f)	muĩlinė (m)	['mʊɪlʲɪnʲe:]

Schwamm (m)	kempinė (m)	[kʲɛm'pʲɪnʲe:]
Shampoo (n)	šampūnas (v)	[ʃam'pu:nas]
Handtuch (n)	rankšluostis (v)	['raŋkʃlʲʊɑstʲɪs]
Bademantel (m)	chalãtas (v)	[xa'lʲa:tas]

Wäsche (f)	skalbimas (v)	[skalʲʲbʲɪmas]
Waschmaschine (f)	skalbimo mašinà (m)	[skalʲʲbʲɪmɔ maʃɪ'na]
waschen (vt)	skalbti báltinius	['skʌlʲʲptʲɪ 'ba lʲtʲɪnʲʊs]
Waschpulver (n)	skalbimo miltēliai (v dgs)	[skalʲʲbʲɪmɔ mʲɪlʲʲtʲælʲɛɪ]

73. Haushaltsgeräte

Fernseher (m)	televizorius (v)	[tʲɛlʲɛ'vʲɪzorʲʊs]
Tonbandgerät (n)	magnetofónas (v)	[magnʲɛto'fonas]
Videorekorder (m)	video magnetofónas (v)	[vʲɪdʲɛɔ magnʲɛto'fonas]
Empfänger (m)	imtùvas (v)	[ɪm'tʊvas]
Player (m)	grotùvas (v)	[gro'tʊvas]

Videoprojektor (m)	video projèktorius (v)	['vʲɪdʲɛɔ pro'jæktorʲʊs]
Heimkino (n)	namų̃ kino teãtras (v)	[na'mu: 'kʲɪnɔ tʲɛ'a:tras]
DVD-Player (m)	DVD grotùvas (v)	[dʲɪvʲɪ'dʲɪ gro'tʊvas]
Verstärker (m)	stiprintùvas (v)	[stʲɪprʲɪn'tʊvas]
Spielkonsole (f)	žaidìmų príedėlis (v)	[ʒʌɪ'dʲɪmu: 'prʲɪɛdʲe:lʲɪs]

Videokamera (f)	videokãmera (m)	[vʲɪdʲɛɔ'ka:mʲɛra]
Kamera (f)	fotoaparãtas (v)	[fotoapa'ra:tas]
Digitalkamera (f)	skaitmenìnis fotoaparãtas (v)	[skʌɪtmʲɛ'nʲɪnʲɪs fotoapa'ra:tas]

Staubsauger (m)	dulkių̃ siurblỹs (v)	['dʊlʲkʲu: sʲʊr'blʲi:s]
Bügeleisen (n)	lygintùvas (v)	[lʲi:gʲɪn'tʊvas]
Bügelbrett (n)	lýginimo lentà (m)	['lʲi:gʲɪnʲɪmɔ lʲɛn'ta]

Telefon (n)	telefónas (v)	[tʲɛlʲɛ'fonas]
Mobiltelefon (n)	mobilùsis telefónas (v)	[mobʲɪ'lʲʊsʲɪs tʲɛlʲɛ'fonas]
Schreibmaschine (f)	rãšymo mašinėlė (m)	['ra:ʃɪːmɔ maʃɪ'nʲe:lʲe:]
Nähmaschine (f)	siuvìmo mašinà (m)	[sʲʊ'vʲɪmɔ maʃɪ'na]

Mikrophon (n)	mikrofónas (v)	[mʲɪkro'fonas]
Kopfhörer (m)	ausìnės (m dgs)	[aʊ'sʲɪnʲe:s]
Fernbedienung (f)	pùltas (v)	['pʊlʲtas]

CD (f)	kompãktinis dìskas (v)	[kɔm'pa:ktʲɪnʲɪs 'dʲɪskas]
Kassette (f)	kasètė (m)	[ka'sʲɛtʲe:]
Schallplatte (f)	plokštēlė (m)	[plokʃʲtʲælʲe:]

DIE ERDE. WETTER

74. Weltall

Kosmos (m)	kosmosas (v)	['kosmosas]
kosmisch, Raum-	kosminis	['kosmʲɪnʲɪs]
Weltraum (m)	kosminė erdvė (m)	['kosmʲɪnʲeː ɛrd'vʲeː]
All (n)	visata (m)	[vʲɪsa'ta]
Universum (n)	pasaulis (v)	[pa'sɑʊlʲɪs]
Galaxie (f)	galaktika (m)	[ga'lʲaːktʲɪka]
Stern (m)	žvaigždė (m)	[ʒvʌɪg'ʒdʲeː]
Gestirn (n)	žvaigždynas (v)	[ʒvʌɪgʒ'dʲiːnas]
Planet (m)	planeta (m)	[plʲanʲɛ'ta]
Satellit (m)	palydovas (v)	[palʲiː'doːvas]
Meteorit (m)	meteoritas (v)	[mʲɛtʲɛo'rʲɪtas]
Komet (m)	kometa (m)	[kɔmʲɛ'ta]
Asteroid (m)	asteroidas (v)	[astʲɛ'rɔɪdas]
Umlaufbahn (f)	orbita (m)	[orbʲɪ'ta]
sich drehen	suktis	['sʊktʲɪs]
Atmosphäre (f)	atmosfera (m)	[atmosfʲɛ'ra]
Sonne (f)	Saulė (m)	['sɑʊlʲeː]
Sonnensystem (n)	Saulės sistema (m)	['sɑʊlʲeːs sʲɪste'ma]
Sonnenfinsternis (f)	Saulės užtemimas (v)	['sɑʊlʲeːs ʊʒtʲɛ'mʲɪmas]
Erde (f)	Žemė (m)	['ʒʲæmʲeː]
Mond (m)	Mėnulis (v)	[mʲeː'nʊlʲɪs]
Mars (m)	Marsas (v)	['marsas]
Venus (f)	Venera (m)	[vʲɛnʲɛ'ra]
Jupiter (m)	Jupiteris (v)	[jʊ'pʲɪtʲɛrʲɪs]
Saturn (m)	Saturnas (v)	[sa'tʊrnas]
Merkur (m)	Merkurijus (v)	[mʲɛr'kʊrʲɪjʊs]
Uran (m)	Uranas (v)	[ʊ'raːnas]
Neptun (m)	Neptūnas (v)	[nʲɛp'tuːnas]
Pluto (m)	Plutonas (v)	[plʲʊ'tonas]
Milchstraße (f)	Paukščių Takas (v)	['pɑʊkʃtʂʲuː 'taːkas]
Der Große Bär	Didieji Grįžulo Ratai (v dgs)	[dʲɪ'dʲiɛjɪ 'grʲɪːʒʊlʲɔ 'raːtʌɪ]
Polarstern (m)	Šiaurinė žvaigždė (m)	[ʃɛʊ'rʲɪnʲeː ʒvʌɪg'ʒdʲeː]
Marsbewohner (m)	marsietis (v)	[mar'sʲɛtʲɪs]
Außerirdischer (m)	ateivis (v)	[a'tʲɛɪvʲɪs]
außerirdisches Wesen (n)	ateivis (v)	[a'tʲɛɪvʲɪs]

fliegende Untertasse (f)	skraĭdanti lėkštė̃ (m)	['skrʌɪdantʲɪ lʲe:kʃˈtʲe:]
Raumschiff (n)	kòsminis laĭvas (v)	['kosmʲɪnʲɪs 'lʲʌɪvas]
Raumstation (f)	orbìtos stotìs (m)	[or'bʲɪtos sto'tʲɪs]
Raketenstart (m)	stártas (v)	['startas]

Triebwerk (n)	varìklis (v)	[va'rʲɪklʲɪs]
Düse (f)	tūtà (m)	[tu:'ta]
Treibstoff (m)	kùras (v)	['kʊras]

Kabine (f)	kabinà (m)	[kab'ɪ'na]
Antenne (f)	antenà (m)	[antʲɛ'na]

Bullauge (n)	iliuminãtorius (v)	[ɪlʲʊmʲɪ'na:torʲʊs]
Sonnenbatterie (f)	sáulės batèrija (m)	['saʊlʲe:s ba'tʲɛrʲɪjɛ]
Raumanzug (m)	skafándras (v)	[ska'fandras]

Schwerelosigkeit (f)	nesvarùmas (v)	[nʲɛsva'rumas]
Sauerstoff (m)	deguõnis (v)	[dʲɛ'gʊɑnʲɪs]

Ankopplung (f)	susijungìmas (v)	[sʊsʲɪjʊn'gʲɪmas]
koppeln (vi)	susijùngti	[sʊsʲɪ'jʊŋktʲɪ]

Observatorium (n)	observatòrija (m)	[obsʲɛrva'torʲɪjɛ]
Teleskop (n)	teleskòpas (v)	[tʲɛlʲɛ'skopas]

beobachten (vt)	stebéti	[ste'bʲe:tʲɪ]
erforschen (vt)	tyrinéti	[tʲi:rʲɪ'nʲe:tʲɪ]

75. Die Erde

Erde (f)	Žẽmė (m)	['ʒʲæmʲe:]
Erdkugel (f)	žẽmės rutulỹs (v)	['ʒʲæmʲe:s rʊtʊ'lʲi:s]
Planet (m)	planetà (m)	[plʲanʲɛ'ta]

Atmosphäre (f)	atmosferà (m)	[atmosfʲɛ'ra]
Geographie (f)	geogrãfija (m)	[gʲɛo'gra:fʲɪjɛ]
Natur (f)	gamtà (m)	[gam'ta]

Globus (m)	gaublỹs (v)	[gaʊb'lʲi:s]
Landkarte (f)	žemė́lapis (v)	[ʒe'mʲe:lʲapʲɪs]
Atlas (m)	ãtlasas (v)	['a:tlʲasas]

Europa (n)	Europà (m)	[ɛʊro'pa]
Asien (n)	ãzija (m)	['a:zʲɪjɛ]

Afrika (n)	ãfrika (m)	['a:frʲɪka]
Australien (n)	Austrãlija (m)	[aʊs'tra:lʲɪjɛ]

Amerika (n)	Amèrika (m)	[a'mʲɛrʲɪka]
Nordamerika (n)	Šiáurės Amèrika (m)	['ʃæʊrʲe:s a'mʲɛrʲɪka]
Südamerika (n)	Pietų̃ Amèrika (m)	[pʲiɛ'tu: a'mʲɛrʲɪka]

Antarktis (f)	Antarktidà (m)	[antarktʲɪ'da]
Arktis (f)	Árktika (m)	['arktʲɪka]

76. Himmelsrichtungen

Norden (m)	šiáurė (m)	['ʃæʊrʲe:]
nach Norden	į šiáurę	[i: 'ʃæʊrʲɛ:]
im Norden	šiáurėje	['ʃæʊrʲe:je]
nördlich	šiaurìnis	[ʃɛʊ'rʲɪnʲɪs]

Süden (m)	pietùs (v)	[pʲiɛ'tʊs]
nach Süden	į pietùs	[i: pʲiɛ'tʊs]
im Süden	pietuosė	[pʲiɛtʊɑ'sʲɛ]
südlich	pietìnis	[pʲiɛ'tʲɪnʲɪs]

Westen (m)	vakaraĩ (v dgs)	[vaka'rʌɪ]
nach Westen	į vãkarus	[i: 'va:karʊs]
im Westen	vakaruosė	[vakarʊɑ'sʲɛ]
westlich, West-	vakariẽtiškas	[vaka'rʲɛtʲɪʃkas]

Osten (m)	rytaĩ (v dgs)	[rʲi:'tʌɪ]
nach Osten	į rýtus	[i: 'rʲɪ:tʊs]
im Osten	rytuosė	[rʲi:tʊɑ'sʲɛ]
östlich	rytiẽtiškas	[rʲi:'tʲɛtʲɪʃkas]

77. Meer. Ozean

Meer (n), See (f)	jū́ra (m)	['ju:ra]
Ozean (m)	vandenýnas (v)	[vandʲɛ'nʲi:nas]
Golf (m)	įlanka (m)	['i:lʲaŋka]
Meerenge (f)	sąsiauris (v)	['sa:sʲɛʊrʲɪs]

Kontinent (m)	žemýnas (v)	[ʒʲɛ'mʲi:nas]
Insel (f)	sala (m)	[sa'lʲa]
Halbinsel (f)	pusiãsalis (v)	[pʊ'sʲæsalʲɪs]
Archipel (m)	archipelãgas (v)	[arxʲɪpʲɛ'lʲa:gas]

Bucht (f)	užùtekis (v)	[ʊʒʊtʲɛkʲɪs]
Hafen (m)	úostas (v)	['ʊostas]
Lagune (f)	lagūna (m)	[lʲagu:'na]
Kap (n)	iškyšulỹs (v)	[ɪʃkʲi:ʃʊ'lʲi:s]

Atoll (n)	atólas (v)	[a'tolʲas]
Riff (n)	rìfas (v)	['rʲɪfas]
Koralle (f)	korãlas (v)	[kɔ'ra:lʲas]
Korallenriff (n)	korãlų rìfas (v)	[kɔ'ra:lʲu: 'rʲɪfas]

tief (Adj)	gilùs	[gʲɪ'lʲʊs]
Tiefe (f)	gỹlis (v)	['gʲi:lʲɪs]
Abgrund (m)	bedùgnė (m)	[bʲɛ'dʊgnʲe:]
Graben (m)	įduba (m)	['i:dʊba]

Strom (m)	srovė̃ (m)	[sro'vʲe:]
umspülen (vt)	skaláuti	[ska'lʲɑʊtʲɪ]
Ufer (n)	pajūris (v)	['pajūris]
Küste (f)	pakránte (m)	[pak'rantʲe:]

Flut (f)	antplūdis (v)	['antplʲuːdʲɪs]
Ebbe (f)	atoslūgis (v)	[a'toslʲuːgʲɪs]
Sandbank (f)	atabradas (v)	[a'taːbradas]
Boden (m)	dugnas (v)	['dʊgnas]

Welle (f)	banga (m)	[ban'ga]
Wellenkamm (m)	bangos ketera (m)	[ban'goːs kʲɛtʲɛ'ra]
Schaum (m)	putos (m dgs)	['pʊtos]

Sturm (m)	audra (m)	[aʊd'ra]
Orkan (m)	uraganas (v)	[ʊra'gaːnas]
Tsunami (m)	cunamis (v)	[tsʊ'naːmʲɪs]
Windstille (f)	štilius (v)	[ʃtʲɪ'lʲʊs]
ruhig	ramus	[ra'mʊs]

| Pol (m) | ašigalis (v) | [a'ʃɪgalʲɪs] |
| Polar- | poliarinis | [po'lʲærʲɪnʲɪs] |

Breite (f)	platuma (m)	[plʲatʊ'ma]
Länge (f)	ilguma (m)	[ɪlʲgʊ'ma]
Breitenkreis (m)	paralele (m)	[para'lʲɛlʲeː]
Äquator (m)	ekvatorius (v)	[ɛk'vaːtorʲʊs]

Himmel (m)	dangus (v)	[dan'gʊs]
Horizont (m)	horizontas (v)	[ɣorʲɪ'zontas]
Luft (f)	oras (v)	['oras]

Leuchtturm (m)	švyturys (v)	[ʃvʲiːtʊ'rʲiːs]
tauchen (vi)	nardyti	['nardʲiːtʲɪ]
versinken (vi)	nuskęsti	[nʊ'skʲɛːstʲɪ]
Schätze (pl)	lobis (v)	['lʲoːbʲɪs]

78. Namen der Meere und Ozeane

Atlantischer Ozean (m)	Atlanto vandenynas (v)	[at'lʲanto vandʲɛ'nʲiːnas]
Indischer Ozean (m)	Indijos vandenynas (v)	['ɪndʲɪjos vandʲɛ'nʲiːnas]
Pazifischer Ozean (m)	Ramusis vandenynas (v)	[ra'mʊsʲɪs vandʲɛ'nʲiːnas]
Arktischer Ozean (m)	Arkties vandenynas (v)	['arktʲɪɛs vandʲɛ'nʲiːnas]

Schwarzes Meer (n)	Juodoji jūra (m)	[jʊɑ'doːjɪ 'juːra]
Rotes Meer (n)	Raudonoji jūra (m)	[raʊdo'noːjɪ 'juːra]
Gelbes Meer (n)	Geltonoji jūra (m)	[gʲɛlʲ'toʹnoːjɪ 'juːra]
Weißes Meer (n)	Baltoji jūra (m)	[balʲ'toːjɪ 'juːra]

Kaspisches Meer (n)	Kaspijos jūra (m)	['kaːspʲɪjos 'juːra]
Totes Meer (n)	Negyvoji jūra (m)	[nʲɛgʲiːˈvoːjɪ 'juːra]
Mittelmeer (n)	Viduržemio jūra (m)	[vʲɪ'dʊrʒʲɛmʲɔ 'juːra]

| Ägäisches Meer (n) | Egejo jūra (m) | [ɛ'gʲæjɔ 'juːra] |
| Adriatisches Meer (n) | adrijos jūra (m) | ['aːdrʲɪjos 'juːra] |

Arabisches Meer (n)	Arabijos jūra (m)	[a'rabʲɪjos 'juːra]
Japanisches Meer (n)	Japonijos jūra (m)	[ja'ponʲɪjos juːra]
Beringmeer (n)	Beringo jūra (m)	['bʲɛrʲɪngo 'juːra]

Südchinesisches Meer (n)	Pietų Kinijos jūra (m)	[pʲiɛ'tu: 'kʲɪnʲɪjɔs 'ju:ra]
Korallenmeer (n)	Koralų jūra (m)	[kɔ'ra:lʲu: 'ju:ra]
Tasmansee (f)	Tasmanų jūra (m)	[tas'manu: 'ju:ra]
Karibisches Meer (n)	Karibų jūra (m)	[ka'rʲɪbu: 'ju:ra]

Barentssee (f)	Barenco jūra (m)	[barʲɛntsɔ 'ju:ra]
Karasee (f)	Karsko jūra (m)	['karskɔ 'ju:ra]

Nordsee (f)	Šiaurės jūra (m)	['ʃæʊrʲeːs 'ju:ra]
Ostsee (f)	Baltijos jūra (m)	['balʲtʲɪjɔs 'ju:ra]
Nordmeer (n)	Norvegijos jūra (m)	[nor'vʲɛgʲɪjɔs 'ju:ra]

79. Berge

Berg (m)	kalnas (v)	['kalʲnas]
Gebirgskette (f)	kalnų virtinė (m)	[kalʲ'nu: vʲɪrtʲɪnʲe:]
Bergrücken (m)	kalnagūbris (v)	[kalʲ'na:gu:brʲɪs]

Gipfel (m)	viršūnė (m)	[vʲɪr'ʃu:nʲe:]
Spitze (f)	pikas (v)	['pʲɪkas]
Bergfuß (m)	papėdė (m)	[pa'pʲe:dʲe:]
Abhang (m)	nuokalnė (m)	['nuɑkalʲnʲe:]

Vulkan (m)	ugnikalnis (v)	[ʊg'nʲɪkalʲnʲɪs]
tätiger Vulkan (m)	veikiantis ugnikalnis (v)	['vʲɛɪkʲæntʲɪs ʊg'nʲɪkalʲnʲɪs]
schlafender Vulkan (m)	užgęsęs ugnikalnis (v)	[ʊʒ'gʲæsʲɛ:s ʊg'nʲɪkalʲnʲɪs]

Ausbruch (m)	išsiveržimas (v)	[ɪʃsʲɪvʲɛr'ʒʲɪmas]
Krater (m)	krateris (v)	['kra:tʲɛrʲɪs]
Magma (n)	magma (m)	[mag'ma]
Lava (f)	lava (m)	[lʲa'va]
glühend heiß (-e Lava)	įkaitęs	[i:'kʌɪtʲɛ:s]
Cañon (m)	kanjonas (v)	[ka'njɔ nas]
Schlucht (f)	tarpukalnė (m)	[tar'pʊkalʲnʲe:]
Spalte (f)	tarpeklis (m)	[tar'pʲæklʲɪs]

Gebirgspass (m)	kalnakelis (m)	[kalʲ'nakʲɛlʲɪs]
Plateau (n)	gulstė (m)	[gʊlʲ'stʲe:]
Fels (m)	uola (m)	[ʊɑ'lʲa]
Hügel (m)	kalva (m)	[kalʲ'va]

Gletscher (m)	ledynas (v)	[lʲɛ'dʲi:nas]
Wasserfall (m)	krioklys (v)	[krʲok'lʲi:s]
Geiser (m)	geizeris (v)	['gʲɛɪzʲɛrʲɪs]
See (m)	ežeras (v)	['ɛʒʲɛras]

Ebene (f)	lyguma (m)	[lʲi:gʊ'ma]
Landschaft (f)	peizažas (v)	[pʲɛɪ'za:ʒas]
Echo (n)	aidas (v)	['ʌɪdas]

Bergsteiger (m)	alpinistas (v)	[alʲpʲɪ'nʲɪstas]
Kletterer (m)	uolakopys (v)	[ʊɑlʲako'pʲi:s]
bezwingen (vt)	pavergti	[pa'vʲɛrktʲɪ]
Aufstieg (m)	kopimas (v)	[kɔ'pʲɪmas]

80. Namen der Berge

Alpen (pl)	Álpés (m dgs)	['al'p'e:s]
Montblanc (m)	Monblãnas (v)	[mon'bl'a:nas]
Pyrenäen (pl)	Pirénai (v)	[p'ı'r'e:nʌı]
Karpaten (pl)	Karpãtai (v dgs)	[kar'pa:tʌı]
Uralgebirge (n)	Urãlo kalnaĩ (v dgs)	[ʊ'ra:lo kal'ⁿnʌı]
Kaukasus (m)	Kaukãzas (v)	[kɑʊ'ka:zas]
Elbrus (m)	Elbrùsas (v)	[ɛl'brʊsas]
Altai (m)	Altãjus (v)	[al'ta:jʊs]
Tian Shan (m)	Tian Šãnis (v)	[t'æn 'ʃa:n'ıs]
Pamir (m)	Pamỹras (v)	[pa'm'i:ras]
Himalaja (m)	Himalãjai (v dgs)	[ɣ'ıma'l'a:jʌı]
Everest (m)	Everèstas (v)	[ɛv'ɛ'r'ɛstas]
Anden (pl)	Añdai (v)	['andʌı]
Kilimandscharo (m)	Kilimandžãras (v)	[k'ıl'ıman'dʒa:ras]

81. Flüsse

Fluss (m)	ùpė (m)	['ʊp'e:]
Quelle (f)	šaltìnis (v)	[ʃal'ⁿt'ın'ıs]
Flussbett (n)	vagà (m)	[va'ga]
Stromgebiet (n)	baseĩnas (v)	[ba's'ɛınas]
einmünden in ...	įtekéti] ...	[i:t'ɛ'k'e:t'ı i: ..]
Nebenfluss (m)	añtplūdis (v)	['antpl'u:d'ıs]
Ufer (n)	krañtas (v)	['krantas]
Strom (m)	srově (m)	[sro'v'e:]
stromabwärts	pasroviuĩ	[pasro'v'ʊı]
stromaufwärts	priẽš srõvę	['pr'ɛʃ 'sro:v'ɛ:]
Überschwemmung (f)	pótvynis (v)	['potv'i:n'ıs]
Hochwasser (n)	póplūdis (v)	['popl'u:d'ıs]
aus den Ufern treten	išsilíeti	[ıʃs'ı'l'ı'ɛt'ı]
überfluten (vt)	tvìndyti	['tv'ınd'i:t'ı]
Sandbank (f)	seklumà (m)	[s'ɛkl'ʊ'ma]
Stromschnelle (f)	sleñkstis (v)	['sl'ɛŋkst'ıs]
Damm (m)	ùžtvanka (m)	['ʊʒtvaŋka]
Kanal (m)	kanãlas (v)	[ka'na:l'as]
Stausee (m)	vandeñs saugyklà (m)	[van'd'ɛns sɑʊg'i:k'l'a]
Schleuse (f)	šliùzas (v)	['ʃl'ʊzas]
Gewässer (n)	vandeñs telkinỹs (v)	[van'd'ɛns t'ɛl'k'ı'n'i:s]
Sumpf (m), Moor (n)	pélkė (v)	['p'ɛl'k'e:]
Marsch (f)	liũnas (v)	['l'u:nas]
Strudel (m)	verpėtas (v)	[v'ɛr'p'ætas]
Bach (m)	upẽlis (v)	[ʊ'p'æl'ıs]

| Trink- (z.B. Trinkwasser) | gḗriamas | ['gʲæɾʲæmas] |
| Süß- (Wasser) | gḗlas | ['gʲeːlʲas] |

| Eis (n) | lḗdas (v) | ['lʲædas] |
| zufrieren (vi) | užšálti | [ʊʒ'ʃalʲtʲɪ] |

82. Namen der Flüsse

| Seine (f) | Senà (m) | [sʲɛ'na] |
| Loire (f) | Luarà (m) | [lʲua'ra] |

Themse (f)	Temzė̃ (m)	['tʲɛmzʲeː]
Rhein (m)	Reĩnas (v)	['rʲɛɪnas]
Donau (f)	Dunójus (v)	[dʊ'noːjʊs]

Wolga (f)	Vólga (m)	['volʲga]
Don (m)	Dònas (v)	['donas]
Lena (f)	Lenà (m)	[lʲɛ'na]

Gelber Fluss (m)	Geltonóji ùpė (m)	[gʲɛlʲto'noːjɪ 'ʊpʲeː]
Jangtse (m)	Jangdzė̃ (m)	[jang'dzʲeː]
Mekong (m)	Mekòngas (v)	[mʲɛ'kongas]
Ganges (m)	Gángas (v)	['gangas]

Nil (m)	Nìlas (v)	['nʲɪlʲas]
Kongo (m)	Kòngas (v)	['kongas]
Okavango (m)	Okavángas (v)	[oka'va ngas]
Sambesi (m)	Zambēzė̃ (m)	[zam'bʲɛzʲeː]
Limpopo (m)	Limpopò (v)	[lʲɪmpo'po]
Mississippi (m)	Misisìpė (m)	[mʲɪsʲɪ'sʲɪpʲeː]

83. Wald

| Wald (m) | mìškas (v) | ['mʲɪʃkas] |
| Wald- | miškìnis | [mʲɪʃ'kʲɪnʲɪs] |

Dickicht (n)	tankumýnas (v)	[taŋkʊ'mʲiːnas]
Gehölz (n)	giráitė (m)	[gʲɪ'rʌɪtʲe:]
Lichtung (f)	laũkas (v)	['lʲɑukas]

| Dickicht (n) | žolýnas, beržýnas (v) | [ʒo'lʲiːnas], [bʲɛr'ʒʲiːnas] |
| Gebüsch (n) | krūmýnas (v) | [kru:'mʲiːnas] |

| Fußweg (m) | takẽlis (v) | [ta'kʲælʲɪs] |
| Erosionsrinne (f) | griovỹs (v) | [grʲo'vʲiːs] |

Baum (m)	mẽdis (v)	['mʲædʲɪs]
Blatt (n)	lãpas (v)	['lʲa:pas]
Laub (n)	lapijà (m)	[lʲapʲɪ'ja]

| Laubfall (m) | lãpų kritìmas (v) | ['lʲa:puː krʲɪ'tʲɪmas] |
| fallen (Blätter) | krìsti | ['krʲɪstʲɪ] |

Wipfel (m)	viršūnė (m)	[vʲɪrˈʃuːnʲeː]
Zweig (m)	šaka (m)	[ʃaˈka]
Ast (m)	šaka (m)	[ʃaˈka]
Knospe (f)	pumpuras (v)	[ˈpʊmpʊras]
Nadel (f)	spyglys (v)	[spʲiːgˈlʲiːs]
Zapfen (m)	kankorėžis (v)	[kaŋˈkorʲeːʒʲɪs]

Höhlung (f)	uoksas (v)	[ˈʊɑksas]
Nest (n)	lizdas (v)	[ˈlʲɪzdas]
Höhle (f)	ola (m)	[oˈlʲa]

Stamm (m)	kamienas (v)	[kaˈmʲiɛnas]
Wurzel (f)	šaknis (m)	[ʃakˈnʲɪs]
Rinde (f)	žievė (m)	[ʒʲiɛˈvʲeː]
Moos (n)	samana (m)	[ˈsaːmana]

entwurzeln (vt)	rauti	[ˈrɑʊtʲɪ]
fällen (vt)	kirsti	[ˈkʲɪrstʲɪ]
abholzen (vt)	iškirsti	[ɪʃˈkʲɪrstʲɪ]
Baumstumpf (m)	kelmas (v)	[ˈkʲɛlʲmas]

Lagerfeuer (n)	laužas (v)	[ˈlʲɑʊʒas]
Waldbrand (m)	gaisras (v)	[ˈgʌɪsras]
löschen (vt)	gesinti	[gʲɛˈsʲɪntʲɪ]

Förster (m)	miškininkas (v)	[ˈmʲɪʃkʲɪnʲɪŋkas]
Schutz (m)	apsauga (m)	[apsɑʊˈga]
beschützen (vt)	saugoti	[ˈsɑʊgotʲɪ]
Wilddieb (m)	brakonierius (v)	[brakoˈnʲɛrʲʊs]
Falle (f)	spąstai (v dgs)	[ˈspaːstʌɪ]

sammeln (Pilze ~)	grybauti	[grʲiˈbɑʊtʲɪ]
pflücken (Beeren ~)	uogauti	[ʊɑˈgɑʊtʲɪ]
sich verirren	pasiklysti	[pasʲɪˈklʲiːstʲɪ]

84. natürliche Lebensgrundlagen

Naturressourcen (pl)	gamtiniai ištekliai (v dgs)	[gamˈtʲɪnʲɛɪ ˈɪʃtʲɛklʲɛɪ]
Bodenschätze (pl)	naudingos iškasenos (m dgs)	[nɑʊˈdʲɪngos ˈɪʃkasʲɛnos]
Vorkommen (n)	telkiniai (v dgs)	[tʲɛlʲkʲɪˈnʲɛɪ]
Feld (Ölfeld usw.)	telkinys (v)	[tʲɛlʲkʲɪˈnʲiːs]

gewinnen (vt)	iškasti	[ɪʃˈkastʲɪ]
Gewinnung (f)	laimikis (v)	[lʲʌɪˈmʲɪkʲɪs]
Erz (n)	rūda (m)	[ruːˈda]
Bergwerk (n)	rūdynas (v)	[ruːˈdʲiːnas]
Schacht (m)	šachta (m)	[ʃaxˈta]
Bergarbeiter (m)	šachtininkas (v)	[ˈʃaːxtʲɪnʲɪŋkas]

Erdgas (n)	dujos (m dgs)	[ˈdʊjos]
Gasleitung (f)	dujotiekis (v)	[dʊˈjotʲiɛkʲɪs]

Erdöl (n)	nafta (m)	[nafˈta]
Erdölleitung (f)	naftotiekis (v)	[nafˈtotʲiɛkʲɪs]

Ölquelle (f)	náftos bókštas (v)	['naːftos 'bokʃtas]
Bohrturm (m)	grẹžimo bókštas (v)	['grʲɛːʒʲɪmɔ 'bokʃtas]
Tanker (m)	tánklaivis (v)	['taŋklʲʌɪvʲɪs]

Sand (m)	smẽlis (v)	['smʲeːlʲɪs]
Kalkstein (m)	kálkinis akmuõ (v)	['kalʲkʲɪnʲɪs ak'muɑ]
Kies (m)	žvỹras (v)	['ʒvʲiːras]
Torf (m)	dúrpės (m dgs)	['dʊrpʲeːs]
Ton (m)	mólis (v)	['molʲɪs]
Kohle (f)	anglìs (m)	[ang'lʲɪs]

Eisen (n)	geležis (v)	[gʲɛlʲɛ'ʒʲɪs]
Gold (n)	áuksas (v)	['ɑʊksas]
Silber (n)	sidábras (v)	[sʲɪ'daːbras]
Nickel (n)	nìkelis (v)	['nʲɪkʲɛlʲɪs]
Kupfer (n)	vãris (v)	['vaːrʲɪs]

Zink (n)	cìnkas (v)	['tsʲɪŋkas]
Mangan (n)	mangãnas (v)	[man'gaːnas]
Quecksilber (n)	gývsidabris (v)	['gʲiːvsʲɪdabrʲɪs]
Blei (n)	švìnas (v)	['ʃvʲɪnas]

Mineral (n)	minerãlas (v)	[mʲɪnʲɛ'raːlʲas]
Kristall (m)	kristãlas (v)	[krʲɪs'taːlʲas]
Marmor (m)	mármuras (v)	['marmʊras]
Uran (n)	urãnas (v)	[ʊ'raːnas]

85. Wetter

Wetter (n)	óras (v)	['oras]
Wetterbericht (m)	óro prognõzė (m)	['orɔ prog'nozʲeː]
Temperatur (f)	temperatūrà (m)	[tʲɛmpʲɛratuː'ra]
Thermometer (n)	termomètras (v)	[tʲɛrmo'mʲɛtras]
Barometer (n)	baromètras (v)	[baro'mʲɛtras]

feucht	drégnas	['drʲeːgnas]
Feuchtigkeit (f)	drẽgmė (m)	[drʲeːg'mʲeː]
Hitze (f)	karštis (v)	['karʃtʲɪs]
glutheiß	kárštas	['karʃtas]
ist heiß	karšta	['karʃta]

| ist warm | šílta | ['ʃɪlʲta] |
| warm (Adj) | šíltas | ['ʃɪlʲtas] |

| ist kalt | šálta | ['ʃalʲta] |
| kalt (Adj) | šáltas | ['ʃalʲtas] |

Sonne (f)	sáulė (m)	['sɑʊlʲeː]
scheinen (vi)	šviẽsti	['ʃvʲɛstʲɪ]
sonnig (Adj)	sauléta	[sɑʊ'lʲeːta]
aufgehen (vi)	pakìlti	[pa'kʲɪlʲtʲɪ]
untergehen (vi)	leistis	['lʲɛɪstʲɪs]
Wolke (f)	debesìs (v)	[dʲɛbʲɛ'sʲɪs]
bewölkt, wolkig	debesúota	[dʲɛbʲɛ'sʊɑta]

Regenwolke (f)	debesis (v)	[dʲɛbʲɛˈsʲɪs]
trüb (-er Tag)	apsiniáukę	[apsʲɪˈnʲæʊkʲɛ:]
Regen (m)	lietus (v)	[lʲiɛˈtʊs]
Es regnet	lỹja	[ˈlʲiːja]
regnerisch (-er Tag)	lietingas	[lʲiɛˈtʲɪngas]
nieseln (vi)	lynóti	[lʲiːˈnotʲɪ]
strömender Regen (m)	liútis (m)	[ˈlʲuːtʲɪs]
Regenschauer (m)	liútis (m)	[ˈlʲuːtʲɪs]
stark (-er Regen)	stiprus	[stʲɪpˈrʊs]
Pfütze (f)	balà (m)	[baˈlʲa]
nass werden (vi)	šlàpti	[ˈʃlʲaptʲɪ]
Nebel (m)	rūkas (v)	[ˈruːkas]
neblig (-er Tag)	miglótas	[mʲɪgˈlʲotas]
Schnee (m)	sniēgas (v)	[ˈsnʲɛgas]
Es schneit	sniñga	[ˈsnʲɪŋga]

86. Unwetter Naturkatastrophen

Gewitter (n)	perkūnija (m)	[pʲɛrˈkuːnʲɪjɛ]
Blitz (m)	žaìbas (v)	[ˈʒʌɪbas]
blitzen (vi)	žaibúoti	[ʒʌɪˈbʊɑtʲɪ]
Donner (m)	griaustìnis (v)	[grʲɛʊsˈtʲɪnʲɪs]
donnern (vi)	griáudėti	[ˈgrʲæʊdʲe:tʲɪ]
Es donnert	griáudėja griaustìnis	[ˈgrʲæʊdʲe:ja grʲɛʊsˈtʲɪnʲɪs]
Hagel (m)	krušà (m)	[krʊˈʃa]
Es hagelt	kriñta krušà	[ˈkrʲɪnta krʊˈʃa]
überfluten (vt)	užlíeti	[ʊʒˈlʲiɛtʲɪ]
Überschwemmung (f)	pótvynis (v)	[ˈpotvʲiːnʲɪs]
Erdbeben (n)	žēmės drebėjimas (v)	[ˈʒʲæmʲe:s dreˈbʲɛjɪmas]
Erschütterung (f)	smūgis (m)	[ˈsmuːgʲɪs]
Epizentrum (n)	epiceñtras (v)	[ɛpʲɪˈtsʲɛntras]
Ausbruch (m)	išsiveržìmas (v)	[ɪʃsʲɪvʲɛrˈʒʲɪmas]
Lava (f)	lavà (m)	[lʲaˈva]
Wirbelsturm (m)	víesulas (v)	[ˈvʲiɛsʊlʲas]
Tornado (m)	tornãdo (v)	[torˈnaːdɔ]
Taifun (m)	taifūnas (v)	[tʌɪˈfuːnas]
Orkan (m)	uragãnas (v)	[ʊraˈgaːnas]
Sturm (m)	audrà (m)	[ɑʊdˈra]
Tsunami (m)	cunãmis (v)	[tsʊˈnaːmʲɪs]
Zyklon (m)	ciklònas (v)	[tsʲɪkˈlʲonas]
Unwetter (n)	dárgana (m)	[ˈdargana]
Brand (m)	gaìsras (v)	[ˈgʌɪsras]
Katastrophe (f)	katastrofà (m)	[katastroˈfa]

Meteorit (m)	meteorìtas (v)	[mʲɛtʲɛoˈrʲɪtas]
Lawine (f)	lavinà (m)	[lʲavʲɪˈna]
Schneelawine (f)	griūtìs (m)	[grʲuːˈtʲɪs]
Schneegestöber (n)	pūgà (m)	[puːˈga]
Schneesturm (m)	pūgà (m)	[puːˈga]

FAUNA

87. Säugetiere. Raubtiere

Raubtier (n)	plėšrūnas (v)	[plʲeːʃruːnas]
Tiger (m)	tigras (v)	['tʲɪgras]
Löwe (m)	liūtas (v)	['lʲuːtas]
Wolf (m)	vilkas (v)	['vʲɪlʲkas]
Fuchs (m)	lapė (m)	['lʲaːpʲeː]

Jaguar (m)	jaguaras (v)	[jagu'aːras]
Leopard (m)	leopardas (v)	[lʲɛo'pardas]
Gepard (m)	gepardas (v)	[gʲɛ'pardas]

Panther (m)	pantera (m)	[pantʲɛ'ra]
Puma (m)	puma (m)	[pʊ'ma]
Schneeleopard (m)	snieginis leopardas (v)	[snʲiɛ'gʲɪnʲɪs lʲɛo'pardas]
Luchs (m)	lūšis (m)	['lʲuːʃɪs]

Kojote (m)	kojotas (v)	[kɔ'jɔ tas]
Schakal (m)	šakalas (v)	[ʃa'kaːlʲas]
Hyäne (f)	hiena (m)	[ɣʲiɛ'na]

88. Tiere in freier Wildbahn

Tier (n)	gyvūnas (v)	[gʲiː'vuːnas]
Bestie (f)	žvėris (v)	[ʒvʲeː'rʲɪs]

Eichhörnchen (n)	voverė (m)	[vove'rʲeː]
Igel (m)	ežys (v)	[ɛʒʲiːs]
Hase (m)	kiškis, zuikis (v)	['kʲɪʃkʲɪs], ['zuɪkʲɪs]
Kaninchen (n)	triušis (v)	['trʲʊʃɪs]

Dachs (m)	barsukas (v)	[bar'sʊkas]
Waschbär (m)	meškėnas (v)	[mʲɛʃkʲeː:nas]
Hamster (m)	žiurkėnas (v)	[ʒʲʊrkʲe:nas]
Murmeltier (n)	švilpikas (v)	[ʃvʲɪlʲpʲɪkas]

Maulwurf (m)	kurmis (v)	['kʊrmʲɪs]
Maus (f)	pelė (m)	[pʲɛ'lʲeː]
Ratte (f)	žiurkė (m)	['ʒʲʊrkʲeː]
Fledermaus (f)	šikšnosparnis (v)	[ʃɪkʃnosparnʲɪs]

Hermelin (n)	šermuonėlis (v)	[ʃermʊɑ'nʲeː:lʲɪs]
Zobel (m)	sabalas (v)	['sa:balʲas]
Marder (m)	kiaunė (m)	['kʲæʊnʲeː]
Wiesel (n)	žebenkštis (m)	[ʒʲɛbʲɛŋkʃtʲɪs]
Nerz (m)	audinė (m)	[ɑu'dʲɪnʲeː]

| Biber (m) | bẽbras (v) | ['bʲæbras] |
| Fischotter (m) | ũdra (m) | ['uːdra] |

Pferd (n)	arklỹs (v)	[arkˈlʲiːs]
Elch (m)	bríedis (v)	['brʲɛdʲɪs]
Hirsch (m)	élnias (v)	['ɛlʲnʲæs]
Kamel (n)	kupranugãris (v)	[kupranʊˈgaːrʲɪs]

Bison (m)	bizõnas (v)	[bʲɪˈzonas]
Wisent (m)	stumbras (v)	['stʊmbras]
Büffel (m)	buivolas (v)	['bʊivolʲas]

Zebra (n)	zẽbras (v)	['zʲɛbras]
Antilope (f)	antilópé (m)	[antʲɪˈlʲopʲeː]
Reh (n)	stìrna (m)	['stʲɪrna]
Damhirsch (m)	daniẽlius (v)	[daˈnʲɛlʲʊs]
Gämse (f)	gemzé (m)	['gʲɛmzʲeː]
Wildschwein (n)	šérnas (v)	['ʃɛrnas]

Wal (m)	bangìnis (v)	[banˈgʲɪnʲɪs]
Seehund (m)	rúonis (v)	['rʊɑnʲɪs]
Walroß (n)	véplỹs (v)	[vʲeːpˈlʲiːs]
Seebär (m)	kotikas (v)	['kotʲɪkas]
Delfin (m)	delfĩnas (v)	[dʲɛlʲˈfʲɪnas]

Bär (m)	lokỹs (v), meška (m)	[lʲoˈkʲiːs], [mʲɛʃˈka]
Eisbär (m)	baltãsis lokỹs (v)	[balʲˈtasʲɪs lʲoˈkʲiːs]
Panda (m)	pánda (m)	['panda]

Affe (m)	beždžiõné (m)	[bʲɛʒˈdʒʲoːnʲeː]
Schimpanse (m)	šimpánzé (m)	[ʃʲɪmˈpanzʲeː]
Orang-Utan (m)	orangutángas (v)	[orangʊˈtangas]
Gorilla (m)	gorila (m)	[gorʲɪˈlʲʲa]
Makak (m)	makaka (m)	[makaˈka]
Gibbon (m)	gibònas (v)	[gʲɪˈbonas]

Elefant (m)	dramblỹs (v)	[dramˈblʲiːs]
Nashorn (n)	raganõsis (v)	[ragaˈnoːsʲɪs]
Giraffe (f)	žirafã (m)	[ʒʲɪraˈfa]
Flusspferd (n)	begemõtas (v)	[bʲɛgʲɛˈmotas]

| Känguru (n) | kengūrã (m) | [kʲɛnˈguːˈra] |
| Koala (m) | koala (m) | [kɔaˈlʲa] |

Manguste (f)	mangustã (m)	[mangʊsˈta]
Chinchilla (n)	šinšilã (m)	[ʃʲɪnʃʲɪˈlʲa]
Stinktier (n)	skunkas (v)	['skʊŋkas]
Stachelschwein (n)	dygliuotis (v)	[dʲiːgˈlʲʊotʲɪs]

89. Haustiere

Katze (f)	katě (m)	[kaˈtʲeː]
Kater (m)	kãtinas (v)	['kaːtʲɪnas]
Hund (m)	šuõ (v)	['ʃʊɑ]

Pferd (n)	arklỹs (v)	[ark'lʲi:s]
Hengst (m)	eřžilas (v)	['ɛrʒʲɪlʲas]
Stute (f)	kumēlė (m)	[kʊ'mʲælʲe:]

Kuh (f)	kárvė (m)	['karvʲe:]
Stier (m)	bùlius (v)	['bʊlʲʊs]
Ochse (m)	jáutis (v)	['jɑʊtʲɪs]

Schaf (n)	avìs (m)	[a'vʲɪs]
Widder (m)	ãvinas (v)	['a:vʲɪnas]
Ziege (f)	ožkà (m)	[oʒ'ka]
Ziegenbock (m)	ožỹs (v)	[o'ʒʲi:s]

Esel (m)	ãsilas (v)	['a:sʲɪlʲas]
Maultier (n)	mùlas (v)	['mʊlʲas]

Schwein (n)	kiaũlė (m)	['kʲɛʊlʲe:]
Ferkel (n)	paršėlis (v)	[par'ʃælʲɪs]
Kaninchen (n)	triùšis (v)	['trʲʊʃɪs]

Huhn (n)	vištà (m)	[vʲɪʃ'ta]
Hahn (m)	gaidỹs (v)	[gʌɪ'dʲi:s]

Ente (f)	ántis (m)	['antʲɪs]
Enterich (m)	añtinas (v)	['antʲɪnas]
Gans (f)	žą̃sinas (v)	['ʒa:sʲɪnas]

Puter (m)	kalakùtas (v)	[kalʲa'kʊtas]
Pute (f)	kalakùtė (m)	[kalʲa'kʊtʲe:]

Haustiere (pl)	namìniai gyvū̃nai (v dgs)	[na'mʲɪnʲɛɪ gʲi·'vʊ·nʌɪ]
zahm	prijaukìntas	[prʲɪjɛʊ'kʲɪntas]
zähmen (vt)	prijaukìnti	[prʲɪjɛʊ'kʲɪntʲɪ]
züchten (vt)	augìnti	[ɑʊ'gʲɪntʲɪ]

Farm (f)	fèrma (m)	['fɛrma]
Geflügel (n)	namìnis paũkštis (v)	[na'mʲɪnʲɪs 'pɑʊkʃtʲɪs]
Vieh (n)	galvìjas (v)	[gal'vʲɪjɛs]
Herde (f)	bandà (m)	[ban'da]

Pferdestall (m)	arklìdė (m)	[ark'lʲɪdʲe:]
Schweinestall (m)	kiaulìdė (m)	[kʲɛʊ'lʲɪdʲe:]
Kuhstall (m)	karvìdė (m)	[kar'vʲɪdʲe:]
Kaninchenstall (m)	triušìdė (m)	[trʲʊ'ʃɪdʲe:]
Hühnerstall (m)	vištìdė (m)	[vʲɪʃ'tʲɪdʲe:]

90. Vögel

Vogel (m)	paũkštis (v)	['pɑʊkʃtʲɪs]
Taube (f)	balañdis (v)	[ba'lʲandʲɪs]
Spatz (m)	žvìrblis (v)	['ʒvʲɪrblʲɪs]
Meise (f)	zýlė (m)	['zʲi:lʲe:]
Elster (f)	šárka (m)	['ʃarka]
Rabe (m)	vařnas (v)	['varnas]

Krähe (f)	várna (m)	['varna]
Dohle (f)	kúosa (m)	['kuosa]
Saatkrähe (f)	kovas (v)	[kɔ'vas]

Ente (f)	ántis (m)	['antɪs]
Gans (f)	žą̃sinas (v)	['ʒa:sʲɪnas]
Fasan (m)	fazãnas (v)	[fa'za:nas]

Adler (m)	erẽlis (v)	[ɛ'rʲælʲɪs]
Habicht (m)	vãnagas (v)	['va:nagas]
Falke (m)	sãkalas (v)	['sa:kalʲas]
Greif (m)	grĩfas (v)	['grʲɪfas]
Kondor (m)	kondòras (v)	[kɔn'doras]

Schwan (m)	gulbė (m)	['gʊlʲbʲe:]
Kranich (m)	gérvė (m)	['gʲɛrvʲe:]
Storch (m)	gandras (v)	['gandras]

Papagei (m)	papūgà (m)	[papu:'ga]
Kolibri (m)	kolìbris (v)	[kɔ'lʲɪbrʲɪs]
Pfau (m)	póvas (v)	['povas]

Strauß (m)	strùtis (v)	['strʊtʲɪs]
Reiher (m)	garnỹs (v)	[gar'nʲi:s]
Flamingo (m)	flamìngas (v)	[flʲa'mʲɪngas]
Pelikan (m)	pelikãnas (v)	[pʲɛlʲɪ'ka:nas]

| Nachtigall (f) | lakštìngala (m) | [lʲakʃ'tʲɪngalʲa] |
| Schwalbe (f) | kregždė̃ (m) | [krʲɛgʒ'dʲe:] |

Drossel (f)	strãzdas (v)	['stra:zdas]
Singdrossel (f)	strãzdas giesminiñkas (v)	['stra:zdas gʲiɛsmʲɪʲrʲnʲɪŋkas]
Amsel (f)	juodàsis strãzdas (v)	[juɑ'dasʲɪs s'tra:zdas]

Segler (m)	čiurlỹs (v)	[tʃʲʊrʲlʲi:s]
Lerche (f)	vyturỹs, vieversỹs (v)	[vʲi:tʊ'rʲi:s], [vʲiɛvɛr'sʲi:s]
Wachtel (f)	pùtpelė (m)	['pʊtpelʲe:]

Specht (m)	genỹs (v)	[gʲɛ'nʲi:s]
Kuckuck (m)	gegùtė (m)	[gʲɛ'gʊtʲe:]
Eule (f)	peléda (m)	[pʲɛ'lʲe:da]
Uhu (m)	apúokas (v)	[a'puɑkas]
Auerhahn (m)	kurtinỹs (v)	[kʊrtʲɪ'rʲnʲi:s]
Birkhahn (m)	tẽtervinas (v)	['tʲætʲɛrvʲɪnas]
Rebhuhn (n)	kurapkà (m)	[kʊrap'ka]

Star (m)	varnénas (v)	[var'nʲe:nas]
Kanarienvogel (m)	kanarėlė (m)	[kana'rʲe:lʲe:]
Haselhuhn (n)	jerubė̃ (m)	[jerʊ'bʲe:]

| Buchfink (m) | kikìlis (v) | [kʲɪ'kʲɪlʲɪs] |
| Gimpel (m) | sniẽgena (m) | ['snʲɛgʲɛna] |

Möwe (f)	žuvédra (m)	[ʒʊ'vʲe:dra]
Albatros (m)	albatròsas (v)	[alʲba't'rosas]
Pinguin (m)	pingvìnas (v)	[pʲɪng'vʲɪnas]

91. Fische. Meerestiere

Brachse (f)	karšis (v)	['karʃɪs]
Karpfen (m)	karpis (v)	['karpʲɪs]
Barsch (m)	ešerỹs (v)	[ɛʃeˈrʲi:s]
Wels (m)	šãmas (v)	['ʃa:mas]
Hecht (m)	lydekà (m)	[lʲi:dʲɛ'ka]
Lachs (m)	lašišà (m)	[lʲaʃɪ'ʃa]
Stör (m)	erškétas (v)	[erʃ'kʲe:tas]
Hering (m)	sílkė (m)	['sʲɪlʲkʲe:]
atlantische Lachs (m)	lašišà (m)	[lʲaʃɪ'ʃa]
Makrele (f)	skùmbrė (m)	['skʊmbrʲe:]
Scholle (f)	plẽkšnė (m)	['plʲækʃnʲe:]
Zander (m)	starkis (v)	['starkʲɪs]
Dorsch (m)	ménkė (m)	['mʲɛŋkʲe:]
Tunfisch (m)	tùnas (v)	['tʊnas]
Forelle (f)	upétakis (v)	[ʊ'pʲe:takʲɪs]
Aal (m)	ungurỹs (v)	[ʊngʊ'rʲi:s]
Zitterrochen (m)	elektrìnė rajà (m)	[ɛlʲɛk'trʲɪnʲe: ra'ja]
Muräne (f)	murénà (m)	[mʊrʲɛ'na]
Piranha (m)	pirãnija (m)	[pʲɪ'ra:nʲɪjɛ]
Hai (m)	ryklỹs (v)	[rʲɪk'lʲi:s]
Delfin (m)	delfìnas (v)	[dʲɛlʲ'fʲɪnas]
Wal (m)	bangìnis (v)	[ban'gʲɪnʲɪs]
Krabbe (f)	krãbas (v)	['kra:bas]
Meduse (f)	medūzà (m)	[mʲɛdu:'za]
Krake (m)	aštuonkõjis (v)	[aʃtʊɑŋ'ko:jis]
Seestern (m)	jū́ros žvaigždė̃ (m)	['ju:ros ʒvʌɪgʒ'dʲe:]
Seeigel (m)	jū́ros ežỹs (v)	['ju:ros ɛ'ʒʲi:s]
Seepferdchen (n)	jū́ros arkliùkas (v)	['ju:ros ark'lʲʊkas]
Auster (f)	áustrė (m)	['ɑustrʲe:]
Garnele (f)	krevėtė̃ (m)	[krʲɛ'vʲɛtʲe:]
Hummer (m)	omãras (v)	[o'ma:ras]
Languste (f)	langùstas (v)	[lʲan'gʊstas]

92. Amphibien Reptilien

Schlange (f)	gyvãtė (m)	[gʲi:'va:tʲe:]
Gift-, giftig	nuodìngas	[nʊɑ'dʲɪngas]
Viper (f)	angìs (v)	[an'gʲɪs]
Kobra (f)	kobrà (m)	[kɔb'ra]
Python (m)	pitònas (v)	[pʲɪ'tonas]
Boa (f)	smauglỹs (v)	[smɑug'lʲi:s]
Ringelnatter (f)	žaltỹs (v)	[ʒalʲ'tʲi:s]

91

| Klapperschlange (f) | barškuõlė (m) | [barʃ'kʊalʲe:] |
| Anakonda (f) | anakònda (m) | [ana'konda] |

Eidechse (f)	dríežas (v)	['drʲiɛʒas]
Leguan (m)	iguanà (m)	[ɪgʊa'na]
Waran (m)	varãnas (v)	[va'ra:nas]
Salamander (m)	salamándra (m)	[salʲa'mandra]
Chamäleon (n)	chameleónas (v)	[xamʲɛlʲɛ'onas]
Skorpion (m)	skorpiónas (v)	[skorpʲɪ'ɔnas]

Schildkröte (f)	vėžlỹs (v)	[vʲe:ʒ'lʲi:s]
Frosch (m)	varlė̃ (m)	[var'lʲe:]
Kröte (f)	rùpūžė (m)	['rʊpu:ʒʲe:]
Krokodil (n)	krokodìlas (v)	[kroko'dʲɪlʲas]

93. Insekten

Insekt (n)	vabzdỹs (v)	[vabz'dʲi:s]
Schmetterling (m)	drugẽlis (v)	[drʊ'gʲælʲɪs]
Ameise (f)	skruzdėlė̃ (m)	[skrʊz'dʲælʲe:]
Fliege (f)	mùsė (m)	['mʊsʲe:]
Mücke (f)	úodas (v)	['ʊadas]
Käfer (m)	vãbalas (v)	['va:balʲas]

Wespe (f)	vapsvà (m)	[vaps'va]
Biene (f)	bìtė (m)	['bʲɪtʲe:]
Hummel (f)	kamãnė (m)	[ka'ma:nʲe:]
Bremse (f)	gylỹs (v)	[gʲi:'lʲi:s]

| Spinne (f) | vóras (v) | ['voras] |
| Spinnennetz (n) | vorãtinklis (v) | [vo'ra:tʲɪŋklʲɪs] |

Libelle (f)	laũmžirgis (v)	['lʲaʊmʒʲɪrgʲɪs]
Grashüpfer (m)	žiógas (v)	['ʒʲogas]
Schmetterling (m)	petelìškė (m)	[pʲɛtʲɛ'lʲɪʃkʲe:]

Schabe (f)	tarakõnas (v)	[tara'ko:nas]
Zecke (f)	érkė (m)	['ærkʲe:]
Floh (m)	blusà (m)	[blʲʊ'sa]
Kriebelmücke (f)	mãšalas (v)	['ma:ʃalʲas]

Heuschrecke (f)	skėrỹs (v)	[skʲe:'rʲi:s]
Schnecke (f)	sráigė (m)	['srʌɪgʲe:]
Heimchen (n)	svirplỹs (v)	[svʲɪrp'lʲi:s]
Leuchtkäfer (m)	jõnvabalis (v)	['jo:nvabalʲɪs]
Marienkäfer (m)	borùžė (m)	[bo'rʊʒʲe:]
Maikäfer (m)	grambuolỹs (v)	[grambʊa'lʲi:s]

Blutegel (m)	dėlė̃ (m)	[dʲe:'lʲe:]
Raupe (f)	vìkšras (v)	['vʲɪkʃras]
Wurm (m)	slíekas (v)	['slʲiɛkas]
Larve (f)	kirmelė̃ (m)	[kʲɪrme'lʲe:]

FLORA

94. Bäume

Baum (m)	mēdis (v)	['mʲædʲɪs]
Laub-	lapuõtis	[lʲapʊ'atʲɪs]
Nadel-	spygliuõtis	[spʲi:g'lʲʊo:tʲɪs]
immergrün	vìsžalis	['vʲɪsʒalʲɪs]

Apfelbaum (m)	obelìs (m)	[obʲɛ'lʲɪs]
Birnbaum (m)	kriáušė (m)	['krʲæʊʃe:]
Süßkirschbaum (m)	trēšnė (m)	['trʲæʃnʲe:]
Sauerkirschbaum (m)	vyšnià (m)	[vʲi:ʃnʲæ]
Pflaumenbaum (m)	slyvà (m)	[slʲi:'va]

Birke (f)	béržas (v)	['bʲɛrʒas]
Eiche (f)	ãžuolas (v)	['a:ʒʊalʲas]
Linde (f)	líepa (m)	['lʲiɛpa]
Espe (f)	drebulē̃ (m)	[drebʊ'lʲe:]
Ahorn (m)	klēvas (v)	['klʲævas]
Fichte (f)	ēglė (m)	['ʲæglʲe:]
Kiefer (f)	pušìs (m)	[pʊ'ʃɪs]
Lärche (f)	maūmedis (v)	['maʊmʲɛdʲɪs]
Tanne (f)	kēnis (v)	['kʲe:nʲɪs]
Zeder (f)	kèdras (v)	['kʲɛdras]

Pappel (f)	túopa (m)	['tʊapa]
Vogelbeerbaum (m)	šermùkšnis (v)	[ʃɛr'mʊkʃnʲɪs]
Weide (f)	glúosnis (v)	['glʲʊasnʲɪs]
Erle (f)	alksnis (v)	['alʲksnʲɪs]
Buche (f)	bùkas (v)	['bʊkas]
Ulme (f)	gúoba (m)	['gʊaba]
Esche (f)	úosis (v)	['ʊasʲɪs]
Kastanie (f)	kaštõnas (v)	[kaʃ'to:nas]

Magnolie (f)	magnòlija (m)	[mag'nolʲɪjɛ]
Palme (f)	pálmė (m)	['palʲmʲe:]
Zypresse (f)	kiparìsas (v)	[kʲɪpa'rʲɪsas]

Mangrovenbaum (m)	mañgro mēdis (v)	['mañgrɔ 'mʲædʲɪs]
Baobab (m)	baobãbas (v)	[bao'ba:bas]
Eukalyptus (m)	eukalìptas (v)	[ɛʊka'lʲɪptas]
Mammutbaum (m)	sekvojà (m)	[sʲɛkvo:'jɛ]

95. Büsche

Strauch (m)	krū̃mas (v)	['kru:mas]
Gebüsch (n)	krūmýnas (v)	[kru:'mʲi:nas]

Weinstock (m)	vynuogýnas (v)	[vʲiːnʊɑˈɡʲiːnas]
Weinberg (m)	vynuogýnas (v)	[vʲiːnʊɑˈɡʲiːnas]

Himbeerstrauch (m)	aviẽtė (m)	[aˈvʲɛtʲeː]
rote Johannisbeere (f)	raudonãsis serbeñtas (v)	[rɑʊdoˈnasʲɪs sʲɛrˈbʲɛntas]
Stachelbeerstrauch (m)	agrãstas (v)	[agˈraːstas]

Akazie (f)	akãcija (m)	[aˈkaːtsʲɪjɛ]
Berberitze (f)	raugeřškis (m)	[rɑʊˈɡʲɛrʃkʲɪs]
Jasmin (m)	jazmìnas (v)	[jazˈmʲɪnas]

Wacholder (m)	kadagỹs (v)	[kadaˈɡʲiːs]
Rosenstrauch (m)	rõžių krũmas (v)	[ˈroːʒʲu ˈkruːmas]
Heckenrose (f)	erškė̃tis (v)	[erʃˈkʲeːtʲɪs]

96. Obst. Beeren

Frucht (f)	vaĩsius (v)	[ˈvʌɪsʲʊs]
Früchte (pl)	vaĩsiai (v dgs)	[ˈvʌɪsʲɛɪ]
Apfel (m)	obuolỹs (v)	[obʊɑˈlʲiːs]
Birne (f)	kriáušė (m)	[ˈkrʲæʊʃʲeː]
Pflaume (f)	slyvà (m)	[slʲiːˈva]

Erdbeere (f)	brãškė (m)	[ˈbraːʃkʲeː]
Sauerkirsche (f)	vyšnià (m)	[vʲiːʃˈnʲæ]
Süßkirsche (f)	trẽšnė (m)	[ˈtrʲæʃnʲeː]
Weintrauben (pl)	vỹnuogės (m dgs)	[ˈvʲiːnʊɑɡʲeːs]

Himbeere (f)	aviẽtė (m)	[aˈvʲɛtʲeː]
schwarze Johannisbeere (f)	juodíeji serbeñtai (v dgs)	[jʊɑˈdʲiɛjɪ sʲɛrˈbʲɛntʌɪ]
rote Johannisbeere (f)	raudoníeji serbeñtai (v dgs)	[rɑʊdoˈnʲiɛjɪ sʲɛrˈbʲɛntʌɪ]

Stachelbeere (f)	agrãstas (v)	[agˈraːstas]
Moosbeere (f)	spañguolė (m)	[ˈspaŋgʊɑlʲeː]

Apfelsine (f)	apelsìnas (v)	[apʲɛlʲˈsʲɪnas]
Mandarine (f)	mandarìnas (v)	[mandaˈrʲɪnas]
Ananas (f)	ananãsas (v)	[anaˈnaːsas]

Banane (f)	banãnas (v)	[baˈnaːnas]
Dattel (f)	datùlė (m)	[daˈtʊlʲeː]

Zitrone (f)	citrinà (m)	[tsʲɪtrʲɪˈna]
Aprikose (f)	abrikòsas (v)	[abrʲɪˈkosas]
Pfirsich (m)	pèrsikas (v)	[ˈpʲɛrsʲɪkas]

Kiwi (f)	kìvis (v)	[ˈkʲɪvʲɪs]
Grapefruit (f)	grèipfrutas (v)	[ˈɡrʲɛɪpfrutas]

Beere (f)	úoga (m)	[ˈʊaga]
Beeren (pl)	úogos (m dgs)	[ˈʊagos]
Preiselbeere (f)	bruknės (m dgs)	[ˈbruknʲeːs]
Walderdbeere (f)	žẽmuogės (m dgs)	[ˈʒʲæmʊɑɡʲeːs]
Heidelbeere (f)	mėlỹnės (m dgs)	[mʲeːˈlʲiːnʲeːs]

97. Blumen. Pflanzen

Blume (f)	gėlė (m)	[gʲe:ˈlʲe:]
Blumenstrauß (m)	puokštė (m)	[ˈpʊɑkʃtʲe:]
Rose (f)	rõžė (m)	[ˈro:ʒʲe:]
Tulpe (f)	tulpė (m)	[ˈtʊlʲpʲe:]
Nelke (f)	gvazdikas (v)	[gvaz'dʲɪkas]
Gladiole (f)	kardėlis (v)	[kar'dʲælʲɪs]
Kornblume (f)	rugiagėlė (m)	[ˈrʊgʲægʲe:ˈlʲe:]
Glockenblume (f)	varpelis (v)	[var'pʲælʲɪs]
Löwenzahn (m)	pienė (m)	[ˈpʲɛnʲe:]
Kamille (f)	ramunė (m)	[ra'mʊnʲe:]
Aloe (f)	alijošius (v)	[alʲɪ'jo:ʃʊs]
Kaktus (m)	kaktusas (v)	[ˈka:ktʊsas]
Gummibaum (m)	fikusas (v)	[ˈfʲɪkʊsas]
Lilie (f)	lelija (m)	[lʲɛlʲɪ'ja]
Geranie (f)	pelargonija (m)	[pʲɛlʲar'gonʲɪjɛ]
Hyazinthe (f)	hiacintas (v)	[ɣʲɪja'tsʲɪntas]
Mimose (f)	mimoza (m)	[mʲɪmo'za]
Narzisse (f)	narcizas (v)	[nar'tsʲɪzas]
Kapuzinerkresse (f)	nasturta (m)	[nas'tʊrta]
Orchidee (f)	orchidėja (m)	[orxʲɪ'dʲe:ja]
Pfingstrose (f)	bijūnas (v)	[bʲɪ'ju:nas]
Veilchen (n)	našlaitė (m)	[naʃˈlʌɪtʲe:]
Stiefmütterchen (n)	darželinė našlaitė (m)	[dar'ʒʲælʲɪnʲe: naʃˈlʌɪtʲe:]
Vergissmeinnicht (n)	neužmirštuolė (m)	[nʲɛʊʒmʲɪrʃ'tʊɑlʲe:]
Gänseblümchen (n)	saulutė (m)	[sɑʊˈlʲʊtʲe:]
Mohn (m)	aguona (m)	[agʊɑ'na]
Hanf (m)	kanapė (m)	[ka'na:pʲe:]
Minze (f)	mėta (m)	[mʲe:'ta]
Maiglöckchen (n)	pakalnutė (m)	[pakalʲ'nʊtʲe:]
Schneeglöckchen (n)	sniegena (m)	[ˈsnʲɛgʲɛna]
Brennnessel (f)	dilgėlė (m)	[dʲɪlʲʲ'gʲælʲe:]
Sauerampfer (m)	rūgštynė (m)	[ru:gʃˈtʲi:nʲe:]
Seerose (f)	vandens lelija (m)	[van'dʲɛns lʲɛlʲɪ'ja]
Farn (m)	papartis (v)	[pa'partʲɪs]
Flechte (f)	kerpė (m)	[ˈkʲɛrpʲe:]
Gewächshaus (n)	oranžerija (m)	[oran'ʒʲɛrʲɪjɛ]
Rasen (m)	gazonas (v)	[ga'zonas]
Blumenbeet (n)	klomba (m)	[ˈklʲomba]
Pflanze (f)	augalas (v)	[ˈɑʊgalʲas]
Gras (n)	žolė (m)	[ʒo'lʲe:]
Grashalm (m)	žolelė (m)	[ʒo'lʲælʲe:]

Blatt (n)	lãpas (v)	['lʲa:pas]
Blütenblatt (n)	žíedlapis (v)	['ʒʲiɛdlʲapʲɪs]
Stiel (m)	stíebas (v)	['stʲiɛbas]
Knolle (f)	gum̃bas (v)	['gʊmbas]

| Jungpflanze (f) | želmuõ (v) | [ʒʲɛlʲ'mʊɑ] |
| Dorn (m) | spyglỹs (v) | [spʲi:g'lʲi:s] |

blühen (vi)	žydéti	[ʒʲi:'dʲe:tʲɪ]
welken (vi)	výsti	['vʲi:stʲɪ]
Geruch (m)	kvãpas (v)	['kva:pas]
abschneiden (vt)	nupjáuti	[nʊ'pjɑʊtʲɪ]
pflücken (vt)	nuskìnti	[nʊ'skʲɪntʲɪ]

98. Getreide, Körner

Getreide (n)	grū́das (v)	['gru:das]
Getreidepflanzen (pl)	grūdìnės kultū́ros (m dgs)	[gru:'dʲɪnʲe:s kʊlʲ'tu:ros]
Ähre (f)	várpa (m)	['varpa]

Weizen (m)	kviečiaĩ (v dgs)	[kvʲiɛ'tʂʲɛɪ]
Roggen (m)	rugiaĩ (v dgs)	[rʊ'gʲɛɪ]
Hafer (m)	ãvižos (m dgs)	['a:vʲɪʒos]
Hirse (f)	sóra (m)	['sora]
Gerste (f)	miẽžiai (v dgs)	['mʲɛʒʲɛɪ]

Mais (m)	kukurū̃zas (v)	[kʊkʊ'ru:zas]
Reis (m)	rȳžiai (v)	['rʲi:ʒʲɛɪ]
Buchweizen (m)	grìkiai (v dgs)	['grʲɪkʲɛɪ]

Erbse (f)	žìrniai (v dgs)	['ʒʲɪrnʲɛɪ]
weiße Bohne (f)	pupélės (m dgs)	[pʊ'pʲælʲe:s]
Sojabohne (f)	sojà (m)	[so:'jɛ]
Linse (f)	lę̃šiai (v dgs)	['lʲɛ:ʃɛɪ]
Bohnen (pl)	pùpos (m dgs)	['pʊpos]

LÄNDER DER WELT

99. Länder. Teil 1

Afghanistan	Afganistānas (v)	[afganⁱɪ'sta:nas]
Ägypten	Egiptas (v)	[ɛ'gⁱɪptas]
Albanien	Albānija (m)	[alⁱ'ba:nⁱɪjɛ]
Argentinien	Argentina (m)	[argⁱɛntⁱɪ'na]
Armenien	Arménija (m)	[ar'mⁱe:nⁱɪjɛ]
Aserbaidschan	Azerbaidžānas (v)	[azⁱɛrbʌɪ'dʒa:nas]
Australien	Austrālija (m)	[aʊs'tra:lⁱɪjɛ]

Bangladesch	Bangladèšas (v)	[bangⁱɭa'dⁱɛʃas]
Belgien	Belgija (m)	['bⁱɛlʲgⁱɪjɛ]
Bolivien	Bolīvija (m)	[bo'lⁱɪvⁱɪjɛ]
Bosnien und Herzegowina	Bosnija ir Hercegovina (m)	['bosnⁱɪja ir yⁱɛrtsⁱɛgovⁱɪ'na]
Brasilien	Brazilija (m)	[bra'zⁱɪlⁱɪjɛ]
Bulgarien	Bulgārija (m)	[bʊlⁱ'ga:rⁱɪjɛ]

Chile	Čilė (m)	['tʂⁱɪlⁱe:]
China	Kinija (m)	['kⁱɪnⁱɪjɛ]
Dänemark	Dānija (m)	['da:nⁱɪjɛ]
Deutschland	Vokietija (m)	[vokⁱiɛ'tⁱɪja]
Die Bahamas	Bahāmų salõs (m dgs)	[ba'yamu: 'salⁱo:s]
Die Vereinigton Staaten	Jungtinės Amèrikos Valstijos (m dgs)	[jʊŋk'tⁱɪnⁱe:s a'mⁱɛrⁱɪkos valⁱs'tⁱɪjos]
Dominikanische Republik	Dominikos Respùblika (m)	[domⁱɪ'nⁱɪkos rⁱɛs'pʊblⁱɪka]

Ecuador	Ekvadoras (v)	[ɛkva'doras]
England	Ánglija (m)	['anglⁱɪjɛ]
Estland	Estija (m)	['ɛstⁱɪjɛ]
Finnland	Suomija (m)	['sʊɑmⁱɪjɛ]
Frankreich	Prancūzijà (m)	[prantsu:zⁱɪ'ja]
Französisch-Polynesien	Prancūzijos Polinèzija (m)	[prantsu:'zⁱɪjos polⁱɪ'nⁱɛzⁱɪjɛ]

Georgien	Grùzija (m)	['grʊzⁱɪjɛ]
Ghana	Ganà (m)	[ga'na]
Griechenland	Graikija (m)	['grʌɪkⁱɪjɛ]

Großbritannien	Didžioji Britānija (m)	[dⁱɪ'dʒⁱo:jɪ brⁱɪ'ta:nⁱɪjɛ]
Haiti	Haitis (v)	[ɣʌ'ɪtⁱɪs]

Indien	Indija (m)	['ɪndⁱɪjɛ]
Indonesien	Indonezijà (m)	[ɪndonⁱɛzⁱɪ'ja]
Irak	Irākas (v)	[ɪ'ra:kas]
Iran	Irānas (v)	[ɪ'ra:nas]
Irland	Airija (m)	['ʌɪrⁱɪjɛ]
Island	Islandija (m)	[ɪs'lⁱandⁱɪjɛ]
Israel	Izraèlis (v)	[ɪzraⁱ'ɛlⁱɪs]
Italien	Itālija (m)	[ɪ'ta:lⁱɪjɛ]

100. Länder. Teil 2

Jamaika	Jamaika (m)	[ja'mʌɪka]
Japan	Japonija (m)	[ja'ponʲɪjɛ]
Jordanien	Jordānija (m)	[jɔr'da:nʲɪjɛ]
Kambodscha	Kambodža (m)	[kambo'dʒa]
Kanada	Kanada (m)	[kana'da]
Kasachstan	Kazāchija (m)	[ka'za:xʲɪjɛ]
Kenia	Kenija (m)	['kʲenʲɪjɛ]
Kirgisien	Kirgizija (m)	[kʲɪr'gʲɪzʲɪjɛ]
Kolumbien	Kolumbija (m)	[kɔ'lʲumbʲɪjɛ]
Kroatien	Kroātija (m)	[kro'a:tʲɪjɛ]
Kuba	Kubà (m)	[kʊ'ba]
Kuwait	Kuveitas (v)	[kʊ'vʲɛɪtas]
Laos	Laòsas (v)	[lʲa'osas]
Lettland	Lātvija (m)	['lʲa:tvʲɪjɛ]
Libanon (m)	Libānas (v)	[lʲɪ'banas]
Libyen	Lìbija (m)	['lʲɪbʲɪjɛ]
Liechtenstein	Lichtenšteinas (v)	['lʲɪxtʲenʃtʲɛɪnas]
Litauen	Lietuvà (m)	[lʲietʊ'va]
Luxemburg	Liuksemburgas (v)	['lʲuksʲɛmburgas]
Madagaskar	Madagaskāras (v)	[madagas'ka:ras]
Makedonien	Makedonija (m)	[makʲɛ'donʲɪjɛ]
Malaysia	Malaizija (m)	[ma'lʲʌɪzʲɪjɛ]
Malta	Málta (m)	['malʲta]
Marokko	Marokas (v)	[ma'rokas]
Mexiko	Meksika (m)	['mʲɛksʲɪka]
Moldawien	Moldāvija (m)	[molʲ'da:vʲɪjɛ]
Monaco	Monakas (v)	['monakas]
Mongolei (f)	Mongolija (m)	[mon'golʲɪjɛ]
Montenegro	Juodkalnijà (m)	[jʊɑdkalʲnʲɪ'ja]
Myanmar	Mianmāras (v)	[mʲæn'ma:ras]
Namibia	Namìbija (m)	[na'mʲɪbʲɪjɛ]
Nepal	Nepālas (v)	[nʲɛ'pa:lʲas]
Neuseeland	Naujóji Zelándija (m)	[nɑʊ'jɔ:jɪ zʲɛ'lʲandʲɪjɛ]
Niederlande (f)	Nyderlandai (v dgs)	['nʲi:dʲɛrlʲandʌɪ]
Nordkorea	Šiáurės Koréja (m)	['ʃæurʲe:s ko'rʲe:ja]
Norwegen	Norvègija (m)	[nor'vʲɛgʲɪjɛ]
Österreich	Áustrija (m)	['ɑʊstrʲɪjɛ]

101. Länder. Teil 3

Pakistan	Pakistānas (v)	[pakʲɪr'sta:nas]
Palästina	Palestìna (m)	[palʲɛs'tʲɪna]
Panama	Panamà (m)	[pana'ma]
Paraguay	Paragvājus (v)	[parag'va:jus]
Peru	Perù (v)	[pʲɛ'rʊ]
Polen	Lénkija (m)	['lʲɛŋkʲɪjɛ]
Portugal	Portugālija (m)	[portʊ'ga:lʲɪjɛ]

Republik Südafrika	Pietų afrikos respublika (m)	[pᵊiɛ'tu: 'a:frᵊɪkos rᵊɛs'pubᵊlᵊɪka]
Rumänien	Rumunija (m)	[rʊ'mʊnᵊɪjɛ]
Russland	Rusija (m)	['rʊsᵊɪjɛ]

Sansibar	Zanzibaras (v)	[zʌnzᵊɪ'ba:ras]
Saudi-Arabien	Saudo Arabija (m)	[sa'ʊdɔ a'ra:bᵊɪjɛ]
Schottland	Škotija (m)	['ʃkotᵊɪjɛ]
Schweden	Švedija (m)	['ʃvᵊɛdᵊɪjɛ]
Schweiz (f)	Šveicarija (m)	[ʃvᵊɛɪ'tsa:rᵊɪjɛ]
Senegal	Senegalas (v)	[sᵊɛnᵊɛ'ga:lᵊas]
Serbien	Serbija (m)	['sᵊɛrbᵊɪjɛ]
Slowakei (f)	Slovakija (m)	[slᵊo'va:kᵊɪjɛ]
Slowenien	Slovénija (m)	[slᵊo'vᵊe:nᵊɪjɛ]
Spanien	Ispanija (m)	[ɪs'pa:nᵊɪjɛ]
Südkorea	Pietų Koréja (m)	[pᵊiɛ'tu: ko'rᵊe:ja]
Suriname	Surinamis (v)	[sʊrᵊɪ'namᵊɪs]
Syrien	Sìrija (m)	['sᵊɪrᵊɪjɛ]

Tadschikistan	Tadžìkija (m)	[tadˈʒᵊɪkᵊɪjɛ]
Taiwan	Taivanis (v)	[tʌɪ'vanᵊɪs]
Tansania	Tanzanija (m)	[tan'za:nᵊɪjɛ]
Tasmanien	Tasmanija (m)	[tas'ma:nᵊɪjɛ]
Thailand	Tailandas (v)	[tʌɪ'lᵊandas]
Tschechien	Čekija (m)	['tʂᵊɛkᵊɪjɛ]
Tunesien	Tunisas (v)	[tʊ'nᵊɪsas]
Türkei (f)	Turkija (m)	['tʊrkᵊɪjɛ]
Turkmenistan	Turkménija (m)	[tʊrk'mᵊe:nᵊɪjɛ]

Ukraine (f)	Ukrainà (m)	[ʊkrʌɪ'na]
Ungarn	Veñgrija (m)	['vᵊɛŋgrᵊɪjɛ]
Uruguay	Urugvajus (v)	[ʊrʊg'va:jʊs]
Usbekistan	Uzbekija (m)	[ʊz'bᵊɛkᵊɪjɛ]

Vatikan (m)	Vatikanas (v)	[vatᵊɪka:nas]
Venezuela	Venesuelà (m)	[vᵊɛnᵊɛsʊᵊɛ'lᵊa]
Vereinigten Arabischen Emirate	Jungtìniai Arabų Emiratai (v dgs)	[jʊŋk'tᵊɪnᵊɛɪ a'ra:bu: ɛmᵊɪratʌɪ]
Vietnam	Vietnamas (v)	[vjɛt'na:mas]
Weißrussland	Baltarùsija (m)	[balᵊta'rʊsᵊɪjɛ]
Zypern	Kìpras (v)	['kᵊɪpras]

www.ingramcontent.com/pod-product-compliance
Lightning Source LLC
Chambersburg PA
CBHW071502070426
42452CB00041B/2113